Gustav Scheve

Zur Lehre von der Offenbarung Gottes im Menschengeist

Ein Beitrag zur Lösung der religiösen Wirren

Gustav Scheve

Zur Lehre von der Offenbarung Gottes im Menschengeist
Ein Beitrag zur Lösung der religiösen Wirren

ISBN/EAN: 9783743486072

Hergestellt in Europa, USA, Kanada, Australien, Japan

Cover: Foto ©Lupo / pixelio.de

Weitere Bücher finden Sie auf **www.hansebooks.com**

Phrenologie und Religion.

Zur Lehre von der

Offenbarung Gottes im Menschengeiste.

Ein Beitrag

zur Lösung der religiösen Wirren unserer Zeit.

Von

Gustav Scheve.

Motto.
Im Wesentlichen Einheit, im Zweifelhaften
Freiheit, in Allem aber Liebe.
Augustin.

München, 1860.
Druck und Verlag von Georg Franz.

„Gott hat sich uns theils in der heiligen Schrift, seinen Worten, theils in der Natur, seinen Werken, offenbart. Die eine Offenbarung kann der andern nicht widersprechen, es muß uns vielmehr die richtige Auslegung der Worte durch die Werke Gottes höchst willkommen seyn. Die irreligiösen Elemente in der bisherigen Religion, Haß und Zwietracht, statt Liebe und Friede, konnten deßwegen so lange die Religion verunstalten und von ihrer Höhe herabziehen, weil die Offenbarung der Worte die Auslegung der Offenbarung der Natur, besonders der Natur des Menschen-Geistes, wie die Phrenologie sie uns erschlossen, entbehrte, und so, ohne diese Leuchte und Stütze, auf Irrwege gerieth. Die Nachwelt wird auf unser Zeitalter als ein nieder stehendes zurückblicken, weil die höchste Angelegenheit des Menschen, die Religion, noch in einem so bedauerlichen, zerrissenen Zustande war."

Zur Einleitung.

Die Phrenologie, die Lehre vom menschlichen Geiste und seinen Organen, enthält zwei Hauptsätze.

Erster Satz. Der Mensch hat, wie die äußeren Sinne des Sehens, Hörens x., eine größere Zahl so zu nennender innerer Sinne oder Grundkräfte des Geistes. Man hat dieselben zur leichteren Ueberſicht in drei Klaſſen gebracht: 1) die niederen oder thierischen Sinne; es sind hauptsächlich: der Nahrungsſinn, der Geſchlechtsſinn, der Sinn der Kinderliebe, der Sinn der Anhänglichkeit oder der Freundschaft, der sogenannte Kampfſinn, der sogenannte Zerſtörungsſinn, der Verheimlichungsſinn, der Erwerbsſinn, der Sinn der Vorſicht. 2) Gemüthsſinne, z. B. der Sinn des Selbſtgefühls, der der Beifallsliebe, der der Feſtigkeit, der der Gewiſſenhaftigkeit, der der Verehrung oder Religioſität, der der Hoffnung, der des Wohlwollens, der Sinn für Neues oder Wunderbares, der Sinn für Ideales oder Schönes, der Sinn für Scherz. 3) Verſtandesſinne oder Talente, z. B. der Sachenſinn, der Geſtalt- oder Formenſinn, der Farbenſinn, der Zahlenſinn, der Ortſinn, der Thatſachenſinn, der Ton- oder Muſikſinn, der Kunſt- oder Bauſinn, der Sprach- oder Wortſinn, der Sinn des Vergleichens und der Sinn des Schließens. Jeder Mensch hat alle diese Sinne, aber nicht jeder hat sie alle in gleichem Maße. So wie ein Mensch gut ſehen und dabei ſchlecht hören kann, so kann ein Mensch jeden inneren Sinn in ſtarkem und daneben jeden anderen in ſchwachem Maße beſitzen. Aus dieser großen Ungleichheit der inneren Sinne geht die große Charakterverſchiedenheit der Menschen hervor.

Zweiter Satz. Die inneren Sinne haben Organe (Werk=
zeuge) wie die äußeren. Die Organe der inneren Sinne sind
im Gehirn vereinigt. Das Gehirn kann im Bau etwa mit der
Blume des Blumenkohls und die Organe der inneren Sinne
mit den Aestchen dieser Pflanze verglichen werden, deren breite
Seite gegen die äußere Kopffläche zu, und deren Spitze nach
der Mitte zu liegt, da wo sich das Gehirn mit dem Rücken=
mark, gleichsam dem Stengel der Pflanze, vereinigt. Die Organe
der niederen Sinne liegen in dem unteren und hinteren, die der
Gemüthssinne in dem oberen, die der Verstandessinne in dem
vorderen oder Stirntheil des Gehirns. Jedes dieser Organe
kann, je nach der Stärke der betreffenden Sinne, groß, und
daneben jedes andere klein seyn. Aus dieser Ungleichheit der
Organe geht die große Verschiedenheit der menschlichen Kopf=
gestalten hervor.

Die Phrenologie wird bisweilen aus mangelhafter Kenntniß
irrig aufgefaßt. Manche glauben z. B., sie widerstreite der sitt=
lichen Freiheit, es gebe nach ihr einen Diebssinn, einen Mordsinn,
und wer einen solchen habe, der müsse stehlen oder morden.
Rein, jeder Mensch besitzt, wie wir gesehen, alle inneren Sinne,
und keiner derselben führt an sich zum Schlimmen, sondern nur
dann, wenn ein Sinn gegen die übrigen sehr stark oder sehr
schwach ist, kann eine fehlerhafte Neigung entstehen, z. B. zum
Zanken und Streiten (großer Kampfsinn), zur Falschheit (großer
Verheimlichungssinn), zum Hochmuth (großes Selbstgefühl), zum
Geiz (großer Erwerbssinn) u. s. w. Diese Neigungen sind dem
Menschen eben darum gegeben, damit er gegen sie ankämpfe
und sich so seiner sittlichen Freiheit bewußt werde; so wie der
Choleriker gegen seine Heftigkeit, der Phlegmatiker gegen seine
Trägheit anzukämpfen hat. Es gäbe ja keine Tugend, wenn
es keine Neigung zur Untugend gäbe. Nun fragt es sich: in
welchem von beiden Fällen wird der Mensch seine fehlerhaften
Neigungen besser bekämpfen, wenn er sich gründlich kennt, oder
wenn nicht? Gewiß im ersteren Fall. Die Phrenologie lehrt
aber den Menschen gründlich sich selbst kennen und wird daher,
wenn sie erst allgemein gekannt seyn wird, sehr viel zur För=
derung der sittlichen Freiheit in der Menschheit beitragen.

Ein anderer bisweilen gefundener Irrthum über die Phrenologie ist, daß man meint, sie entbehre der anatomischen Grundlage. Nichts weniger! Gall selbst, der Begründer der Phrenologie, war ja ein großer Anatom. Der Irrthum kommt daher, daß manche Anatomen aus mangelhafter Kenntniß der Phrenologie gegen sie eingenommen sind. Daß aber die Anatomie als solche der Phrenologie nicht entgegensteht, beweist z. B. der berühmte Anatom Arnold, welcher sie als wahr erkennt. Arnold sagt (Physiologie S. 854, 856): „Wir wollen angeben, in wie weit die inneren Sinne nach den Erfahrungen der Phrenologie aus gewissen Formen des Kopfes zu erkennen sind, da wir es für unstatthaft halten, in einer Erfahrungswissenschaft die Beobachtungen ausgezeichneter Männer, ohne sie widerlegen zu können, für nichtig zu erklären." „Die Gestalt des Schädels im Ganzen und seinen einzelnen Abtheilungen ist in hohem Grade von der Form des Hirns abhängig. Es müssen also auch die geistigen Eigenthümlichkeiten einzelner Menschen in besonderen Formen des Kopfes zu erkennen seyn."

„Die Phrenologie, als die Lehre von den Grundkräften des Geistes, ist so zugleich die Lehre von den wahren Quellen des menschlichen Strebens und Handelns. Sie gibt uns daher auch Einsicht in die Ursachen und die Heilmittel fehlerhafter und einseitiger Geistesrichtungen. Unsere Zeit leidet trotz vieler Vorzüge an einem Uebel, das man ein Revolutions= oder ein Reformfieber genannt hat. Der Name des Uebels ist gleichgiltig, sein Wesen ist die gestörte Harmonie der menschlichen Verstandes= und Gemüthsthätigkeit. Der bloße Verstand zersetzt und zerstört, das Gemüth schont und erhält. Der Verstand hat in unserer Zeit die einseitige Herrschaft über das Gemüth erhalten — durch die mächtig aufblühenden und in alle Klassen der Gesellschaft Eingang gewinnenden Naturwissenschaften, durch die Maschinen und Manufakturen, durch die Zeitungen und Volksbücher, vor Allem durch die Eisenbahnen und das Reisen. Daher in der Masse der Menschen die erwachte Vergleichung und die Kritik, das Selbstvertrauen und das Regiren der Autorität, die Unzu-

friedenheit mit dem Bestehenden und die Weltverbesserungs-
Ideen, endlich das Leben nach Außen und das Suchen des
Glücks außerhalb, die Sucht nach Zerstreuung und nach Ver-
gnügen. Die Heilung dieses Uebels, die Wiederherstellung der
Harmonie der menschlichen Geistesthätigkeit kann nicht in nega-
tiver Weise durch das Zurücknehmen der Geschenke der Zeit,
durch Schwächung des Verstandes, Vernichtung der Naturwissenschaften, Zerstörung der Eisenbahnen 2c. erreicht werden,
sondern nur in positiver Weise durch die g l e i c h e Hebung und
Belebung der Gemüthskräfte. Das Verkümmern dieser letzteren,
die Einseitigkeit der menschlichen Geistesrichtung nach Außen
war im letzten Grunde die Folge der E i n s e i t i g k e i t d e r
K e n n t n i s s e, die nur die äußere Natur, die materielle Welt
umfaßten, und denen die beste Hälfte, die Naturkenntniß der
menschlichen Geistes- und Gemüthswelt fehlte. Die materiellen
Kenntnisse und Entdeckungen haben den Menschen aus sich heraus
geführt, haben ihn fast vergessen lassen, daß er auch ein Herz
und ein Gemüth hat, daß er seine beste Heimat, sein bestes Glück
in sich selbst trägt. Die Naturkenntniß seiner reichen Geistes-
und Gemüthswelt wird ihn diese Heimat wieder erkennen und
lieben lehren, wird ihn wieder zu sich selbst zurückführen. Man
ist wohl geneigt, wenn man die Naturwissenschaft des Geistes
und ihre gewaltige geistige Macht nicht kennt, diese Hoffnung
ausschweifend zu finden. Aber man hätte seiner Zeit noch weniger erwartet, daß z. B. die Kraft des Dampfes einst die
Welt umgestalten werde. Wie der Geist an Werth über dem
Körper, der Mensch über der übrigen Natur steht, so werden
die Entdeckungen in der Naturwissenschaft des menschlichen Geistes
an segensreichen Folgen weit die Entdeckungen in den materia-
listischen Naturwissenschaften übertreffen; die ersteren Entdeckungen
werden vollständig die Nachtheile wieder ausgleichen, welche die
letzteren in ihrer Einseitigkeit zur Folge gehabt haben. So
wird z. B. die Phrenologie den vielköpfigen Parteihaß ver-
mitteln und versöhnen. Denn als Charakterlehre weist sie nach,
daß die Gegensätze der menschlichen Ansichten in Leben, Politik,
Religion 2c. in dem wahren Charakter der Menschen, nicht, wie

die Parteien einander vorwerfen möchten, in moralischer Bös-
willigkeit begründet find. So tritt die Wissenschaft an die
Stelle der Leidenschaft, die nachsichtige Duldung an die Stelle
des Hasses. Ein noch wichtigeres Verdienst der Phrenologie
ist es, daß sie als Naturlehre des Menschengeistes die großen
menschlichen Parteifragen naturwissenschaftlich und endgiltig, ver-
söhnend und vermittelnd, entscheidet. Denn sie lehrt in allen
jenen Fragen die festen, in der Menschennatur niedergelegten
Grundwahrheiten erkennen, denen gegenüber alle ausschweifenden
(aus einseitigem Charakter hervorgegangenen) Ansichten von
selbst als Irrthümer zerfallen. So zeigt z. B. die Phrenologie
daß die Menschen im Ganzen oder durchschnittlich geborene
Gottesgläubige oder Religionsfreunde sind. Wie schroff stehen
aber die äußersten religiösen Parteiansichten einander gegenüber
und welches unsägliche Unglück ist für die Menschheit von jeher
aus diesem Zwiespalt erwachsen, ein Zwiespalt, für den es eine
wirkliche Versöhnung, d. i. eine die Gegensätze vermittelnde un-
bestrittene Grundwahrheit bisher nicht gab und nicht geben zu
sollen schien. Die Phrenologie hat diese Grundwahrheit auf-
gefunden, indem sie den dem Menschen eingeborenen christlichen
Gottesglauben erkannte, von welchem sich die äußersten Parteiansichten gleich weit entfernen: sowohl die Ansicht der Ultra-
rationalisten oder kalten Verstandesmenschen (der Atheisten),
welche die Religion in Naturreligion und Moral auflösen möchten,
als die Ansicht der Ultraorthodoxen oder leidenschaftlichen Gefühlsmenschen (der Fanatiker), welche die Religion für eine äußere
Zwangsanstalt halten, — zwei ausschweifende Gegensätze, welche
durch ihren Kampf und ihre Leidenschaft bisher der wahrhaften
Religion, welche in der harmonischen Thätigkeit der Ver-
standes- und Gemüthskräfte begründet ist, den Frieden und die
Weihe raubten, und welche, was an ihnen lag, in der Menschheit die Religion, wenn sie vernichtet werden könnte, vernichtet
hätten." (Phrenologische Bilder S. 594 ff.)

Schon Zachariä (Carl Salomo), der erste Staatsrechtslehrer
Deutschlands spricht in seinen „Vierzig Büchern vom Staate"

von einer Vereinigung der christlichen Kirchen. Die Stelle (im vierten Band der Ausgabe von 1830, S. 303—309) ist diese:

„Der Plan, die katholische und die protestantische Kirche mit einander zu vereinigen, ist seit der Tridentinischen Kirchenversammlung, welche zur Wiederherstellung der Einheit der Kirche unter großen Zurüstungen und Erwartungen zusammenberufen wurde, zwar oft von neuem in Anregung gebracht, allemal aber als unausführbar wieder aufgegeben worden. So beschäftigten sich Leibnitz und mehrere der achtungswerthesten Zeitgenossen dieses großen Mannes mit jenem Plane.*) Als in den Zeiten Napoleons das Außerordentliche der Begebenheiten Erwartungen und Vorschläge erzeugte, welche, auf das noch Außerordentlichere gerichtet, nur Vorhersagungen zu seyn schienen, da wurde auch dieser Plan der Beachtung des Mannes empfohlen, welcher, um in dem Andenken der Nachwelt zu leben, die Mitwelt umzuschaffen trachtete. Aber jener Versuch scheiterte; diese Stimmen erloschen in den Stürmen der Zeit.

„Und, wie man bisher die Vereinigung beider Kirchen versucht oder sich gedacht hat, konnte sie nicht und wird sie nimmermehr gelingen. Als den Grundstein oder als die vorläufige Bedingung der Vereinigung betrachtete man die Uebereinstimmung in der Glaubenslehre oder wenigstens in den Hauptlehren des Christenthumes; und man hoffte zu dieser Uebereinstimmung entweder durch die wechselseitige Nachgiebigkeit der streitenden Parteien oder durch die Dazwischenkunft eines mächtigen Friedensvermittlers zu gelangen. Aber, wäre es auch möglich, diese Uebereinstimmung unter beiden Kirchen zu erzielen, die Grundursache des unter ihnen herrschenden Zwiespaltes ist nicht die, daß sie über den Inhalt der Glaubenslehre, sondern die, daß sie über die Quellen der Religionserkenntniß getheilter Meinung sind. Dieser Zwiespalt läßt keinen Vergleich, keine Vermittlung zu. Auch angenommen, daß sich beide Kirchen über ein gewißes Symbol für den Augenblick vereinigten, wenn sich nicht die

---

*) Z. B. Bossuet, Bischof von Meaux. S. Leibnitii Opera omnia. Ed. L. Dutens. T. I. p, 507. ff. (Genf 1768. 4.)

neue oder die wiedervereinigte Kirche zugleich unter eine geistliche Gewalt stellte, wenn also die Protestanten nicht aufhörten, Protestanten zu seyn, so würde die Vereinigung in dem nächsten Augenblicke wieder zerfallen, ja nur dem Namen nach eine Vereinigung seyn. Bis ans Ende der Welt wird es Katholiken und Protestanten in dem Sinne geben, in welchem hier diese Worte genommen werden.*) Wir müssen einander dulden und ertragen lernen, weil wir die Welt nicht noch einmal schaffen können.

„Und ist denn die Einheit des Glaubens, ist die Einheit der Liturgie dem Protestantismus ein Bedürfniß? Es gibt Religionen, welche der moralischen Welt denselben Charakter der Unveränderlichkeit aufdrücken oder aufzudrücken streben, welchen die physische Welt hat. Mit dem Geiste des Protestantismus stimmt dieser Plan nicht überein. Dem Protestantismus ist die Religion die sich in und mit der Menschheit aus= und fortbildende Erkenntniß göttlicher Dinge.

„Eben so wenig kann zwischen der katholischen und der protestantischem Kirche eine Vereinigung in dem Sinne gestiftet werden, daß beide, ungeachtet und unbeschadet ihrer Verschiedenheit in Sachen des Glaubens und der Liturgie, dennoch ihrer Verfassung nach nur eine einzige äußere Gesellschaft bildeten, daß sie also gemeinschaftliche Versammlungen hielten, ihre gesellschaftlichen Angelegenheiten durch dieselben Behörden verwalten ließen. So unhaltbar ist dieser Gedanke, daß er nicht erst mit Gründen bestritten zu werden braucht.**)

„Ist also der Plan einer zwischen beiden Kirchen zu stiftenden Vereinigung gänzlich aufzugeben? oder ist er dennoch in einem gewissen Sinne ausführbar? und verdient er in dem Sinne, in welchem er ausführbar ist, die Theilnahme der einen und der andern Kirche?

---

*) Man kann sagen: Es gibt Katholiken, welche Protestanten — und Protestanten, welche Katholiken sind.

**) Man beziehe sich gegen diese Aeußerung nicht auf das Beispiel der mit der römisch=katholischen Kirche unirten griechischen Gemeinden. Die griechische Kirche ist ihren Grundgesetzen nach der Lateinischen verwandt.

„Mir scheint, daß der Plan allerdings in dem Sinne aus-
geführt werden könnte, daß zwischen der katholischen Kirche einerseits und zwischen den protestantischen Religions-Gesellschaften
andererseits, (zwischen allen oder einigen,) ein Bund abgeschlossen
würde, welcher, unbeschadet der Selbstständigkeit der einzelnen
Mitglieder des Vereines, die Begründung und Sicherung eines
christlich- friedlichen Verhältnisses unter ihnen zum Zwecke hätte,
— ein Bund also, welcher, einem Völkerbunde vergleichbar,
nur für die Erhaltung des Friedenszustandes unter den Ver-
bündeten Gewähr leistete. (Es versteht sich von selbst, daß eine
Vereinigung zwischen der katholischen und der protestantischen
Kirche auch eine Vereinigung zwischen den verschiedenen Abtheilungen der letzteren zur Folge haben würde oder daß auch
diese Vereinigung jener vorausgehn könnte.)

„Mir scheint, daß eine Vereinigung dieser Art den einzigen
Vorwurf beseitigen würde, welchen man der Spaltung der christlichen Kirche in mehrere machen kann, — den Vorwurf, daß
diese Spaltung die Christen untereinander verfeinde. Jedoch deute
man den Zweck der Vereinigung nicht so, als ob derselbe gegen
die Freiheit, Religionsfragen öffentlich zu erörtern oder die Re-
ligionsmeinungen und die Einrichtungen einer andern Kirche zu
prüfen und zu bestreiten, gerichtet wäre. Nur darauf ist es bei
jener Vereinigung abgesehen, daß die Verschiedenheit der Mein-
ungen nicht die Gesinnungen der brüderlichen Liebe störe, welche
Christen gegen einander hegen sollen, daß ein Streit über Mein-
ungen nicht in Feindseligkeiten ausarte, daß der Einheit der christlichen Kirche, d. i. der Einheit, welche unter den Christen ihrer
Sinnesart nach bestehn soll, auch eine äußere Bürgschaft werde.

„Jedoch, um diesen und andern Mißverständnissen vorzu-
beugen, ist es nothwendig, auf die Einzelheiten oder wenigstens
auf die Hauptzüge des in Frage stehenden Planes einzugehen.
Das entschuldige den folgenden Versuch, die Grundgesetze eines
solchen Bundes darzustellen.

„Der Zweck der Vereinigung ist die Beförderung und Erhaltung christlich brüderlicher Gesinnungen unter den Mitgliedern
der vereinigten Kirchen. — Einer jeden der vereinigten Kirchen

verbleiben alle ihre bisherigen Gesetze und Einrichtungen, Rechte, Freiheiten und Güter. — Eine jede christliche Religionsgesellschaft kann von dem Haupte der vereinigten Kirche in den Verein aufgenommen werden. Weder der Beitritt noch die Aufnahme kann von andern Bedingungen, als von den durch den Grundvertrag des Vereines bestimmten, abhängig gemacht werden. — Einer jeden in den Verein aufgenommenen Kirche steht in einem jeden Augenblicke der Austritt frei. — Das Haupt des Vereines ist der Papst. Der Papst kann in dieser Eigenschaft auf keine andern Rechte Anspruch machen als auf die, welche er zu Folge des Grundvertrages des Vereines hat. — In allen Kirchen des Vereines wird dessen Haupt in das Kirchengebet eingeschlossen. Wenn eine protestantische Kirche Bischöfe hat, so hat bei einem Dienstwechsel der neue Bischof dem Haupte der Kirche die Anzeige zu machen, daß er sein Amt angetreten habe. Eine jede der protestantischen Kirchen, welche sich mit der katholischen Kirche vereinigt, kann bei dem päpstlichen Hofe einen Abgeordneten bestellen. Dieser hat das Interesse seiner Kirche in Beziehung auf die katholische, gemäß den ihm zu ertheilenden und ertheilten Aufträgen, wahrzunehmen. — Bei Kirchenversammlungen, die in der katholischen oder in der protestantischen Kirche gehalten werden, sind Abgeordnete der andern Kirche gegenwärtig. (Bei allgemeinen Versammlungen der katholischen Kirche Abgeordnete der sämmtlichen mit ihr vereinigten protestantischen Kirchen, bei Nationalconcilien der katholischen Kirche Abgeordnete der protestantischen Kirchen desselben Staates u. s. w.) Diese Abgeordneten haben zwar weder eine entscheidende noch eine berathende Stimme. Sie sind jedoch mit den Anträgen oder Vorstellungen zu hören, welche sie zur Wahrnehmung des Interesses ihrer Kirche oder ihrer Kirchen machen. — Eine jede der vereinigten Kirchen verpflichtet ihre Mitglieder, sich aller ehrenkränkenden Aeußerungen und Handlungen gegen die Mitglieder der übrigen Kirchen des Vereines, als solche, zu enthalten. — Keine der vereinigten Kirchen kann ihren Mitgliedern die Erlaubniß, sich zu verheirathen, oder die Trauung aus dem Grunde versagen, weil der andere Theil zu einer andern Kirche des Vereines ge=

hört oder weil in demselben Falle die zukünftigen Eheleute wegen
der kirchlichen Erziehung ihrer Kinder nicht das Versprechen
leisten wollen, welches von ihnen verlangt wird. — Die Mitglieder der katholischen Kirche können da, wo sie keine besonderen
Begräbnißplätze haben, von denen der Protestanten Gebrauch
machen, und umgekehrt. — Nur mit Zustimmung der unmittelbar
betheiligten Regierung kann eine Kirche in den Verein aufgenommen werden.

„Man wird geneigt seyn, diesen Plan in das Reich der
Träume zu verweisen.*) Doch darf nicht die Vereinigung,
welche in mehreren Deutschen Staaten zwischen der Lutherischen
und der reformirten Kirche zu Stande gekommen ist, als eine
Einleitung zur Stiftung eines andern und größeren Vereines
betrachtet werden? Bekämpfen nicht die Bibelgesellschaften, welche
sich von England aus über so viele Länder der Erde verbreitet
haben, je unmerklicher desto ungestörter die kirchlichen Vorurtheile,
welche der Ausführung jenes Planes im Wege stehen? Wenn
die Verfassung des europäischen Völkerstaates einst während des
Mittelalters die Einheit der Kirche zur Grundlage hatte, sollte
ihr nicht dieselbe Stütze auch dermalen willkommen seyn? Ueber-
haupt aber, wenn anders der Plan Beachtung verdient, dem
Christenthume ist nur das unmöglich, was nicht christlich ist.",

---

*) Doch hat er wenigstens e i n geschichtliches Beispiel für sich. Die
Brüdergemeinde zählt Protestanten von verschiedenen Glaubensbekennt-
nissen unter ihre Mitglieder. Ueber die Erhaltung dieser Verschiedenheit
wachen die Conservatores troporum.

Phrenologie und Religion.

1.

Die Phrenologie, als die Lehre von den wahren Grundkräften des menschlichen Geistes, ist eben dadurch der Schlüssel
zu den höchsten Sätzen aller derjenigen Wissenschaften, welche
den Menschen als denkendes und handelndes Wesen zum Gegenstand haben, z. B. der Erziehungslehre, der Strafrechtswissen-
schaft, der Geistesheilkunde, der Sittenlehre, der Religionslehre.
Wenn die Gelehrten bekanntlich über die letzten Grundlagen dieser
Wissenschaften bisher immer gestritten haben, so war dies nur
dadurch möglich, daß es eine wahre Lehre von den Grundkräften
des menschlichen Geistes bisher nicht gab. Um an einem Beispiele zu zeigen, wie die Phrenologie über die Grundfragen jener
Wissenschaften Klarheit und Licht verbreitet, wähle ich die Religionswissenschaft, die bestrittenste unter allen.

Die Phrenologie nennt unter den inneren Sinnen des
Menschen einen Sinn der Religiosität. Es fragt sich vor Allem:
gibt es einen solchen dem Menschen eingeborenen selbstständigen
Sinn der Religiosität oder Gottesverehrung?

Wenn man die Geschichte der Menschheit in's Auge faßt,
so kann diese Frage nicht verneint werden. Immer und überall
hat sich der Mensch zur Gottheit hingezogen gefühlt. Mit der
Verehrung Gottes ist es wie mit allen dem Menschen angeborenen Geisteseigenschaften. Niemand erfand den Trieb zur
Kinderliebe, zur Freundschaft, zum Kampf; Niemand hat die
Musik, die Malerei, die Dichtkunst erfunden. Schon vor Numa
hatten die Römer, vor Moses die Israeliten eine Religion.

Allein trotz dieses Zeugnisses der Geschichte hat es von jeher Philosophen gegeben, welche einen Sinn der Gottesverehrung im Menschen läugneten. Dies erklärt sich daraus, daß, wie früher erwähnt, alle inneren Sinne in sehr verschiedenem Maße in dem einzelnen Menschen vorhanden sind. Wenn daher Jemand den Sinn der Religiosität in sehr geringem Maße besitzt, so wird es ihm, weil er das Gefühl nicht aus eignem Bewußtsein kennt, schwer fallen, an dessen Daseyn überhaupt zu glauben. Er wird vielmehr die Thatsachen der Weltgeschichte, die dafür zu sprechen scheinen, auf andere Weise zu erklären suchen.

So hat man z. B. behauptet, der Glaube an Gott, das Gefühl für Gottesverehrung, weit entfernt, aus einem besondern dem Menschen angebornen Sinn hervorzugehen, sei eine angelernte Gewohnheit, die sich durch Unterricht und Beispiel von Geschlecht zu Geschlecht fortgepflanzt habe. Allein wir können durch einen aufmerksamen Blick in's Leben leicht die Ueberzeugung gewinnen, daß der fragliche Sinn durch seine Thätigkeit schon bei Kindern ganz unabhängig von Lehre und Beispiel als ein dem Menschen angeborener erkannt werden muß. Wir waren in unserer Familie drei Brüder und erhielten die gleiche Erziehung, ohne auf Gebet und Gottesverehrung besonders hingewiesen zu werden. Der zweite Bruder zeigte sehr früh eine große Neigung zum Beten; fast sobald er lesen konnte, wußte er sich ein Gebetbuch zu verschaffen und las darin regelmäßig und ohne Ausnahme des Morgens und des Abends Gebete. Weder der jüngste Bruder, noch ich, der älteste, fühlten diese entschiedene Neigung, und da ich wußte, daß mein Bruder zu dieser Frömmigkeit auf keine Weise äußerlich veranlaßt war, so fiel mir dieselbe sehr auf, und ich hielt darum meinen Bruder für von Natur weit besser als mich, obgleich er auch einige Eigenschaften hatte, die mir weniger gefielen. — „In dem Hause meiner Eltern," erzählt Gall, „waren wir zehn Kinder. Einer meiner Brüder hatte von zartester Kindheit an eine große Neigung zur Andacht. Er betete und sagte den ganzen Tag über die Messe, und konnte er nicht die Kirche besuchen, so beschäftigte er sich damit zu Hause ein Crucifix von Holz zu schnitzen und zu vergolden. Mein Vater hatte ihn zum Handel bestimmt, er hatte aber eine Abneigung gegen diesen Beruf. Im dreiundzwanzigsten Jahre widerstand er seinem Hang nicht länger, und da er keine Hoffnung hatte, seine Studien zu machen, so entfloh er aus dem Hause und wurde Eremit. Nun erlaubte ihm mein Vater zu studiren. Fünf Jahre nachher empfing er die Weihe, und bis an sein Ende lebte er in religiösen Uebungen und Büßungen." — Es möchte für die Meisten leicht sein, diese Beispiele durch ähnliche aus eigener Erfahrung zu vermehren.

Oder man hat behauptet, die menschliche Gottesverehrung sei nur das Ergebniß anderer Geisteskräfte des Menschen, besonders des Verstandes, des Schlußvermögens, das dem Menschen den Gedanken als nothwendig aufdränge, eine Gottheit, d. i. eine schaffende Ursache der Welt anzunehmen. Allein wenn dies richtig sein sollte, so müßten die verständigsten Menschen auch die religiösesten sein, was bekanntlich nicht der Fall ist. Der religiöse Sinn ist vielmehr als von der Denkkraft ganz unabhängig dadurch zu erkennen, daß er bei verständigen Menschen oft sehr schwach, und bei beschränkten Menschen oft sehr stark gefunden wird. Am klarsten wird wohl die Trennung des religiösen Sinnes von den Denkkräften durch den Wilden bewiesen, der, indem er einen Stein oder ein Thier als Gott anbetet, seinen religiösen Sinn selbst nicht versteht. — Uebrigens bliebe ja, wenn man die Gottesverehrung auf die Denkkraft zurückführen wollte, das religiöse „Gefühl", die Andacht der Gesinnung ganz unerklärt.

Andere haben behauptet, die Furcht sei die wirkliche Ursache der Gottesverehrung. Aber auch der Irrthum dieser Annahme ergibt sich leicht aus der Thatsache, daß sehr furchtlose Menschen — tapfere Soldaten — oft sehr religiös, und sehr furchtsame, feige Menschen oft sehr irreligiös sind. Allerdings kann das Gefühl der Furcht, wie noch so manches Andere, das religiöse Gefühl verstärken: aber die Frage, um die es sich hier handelt, ist, ob die Furcht als solche Religiosität sei oder nicht sei.

Oder man hat die Phantasie, den Dichtersinn für die wahre Grundlage der Religiosität gehalten. Allein sehr poetische, phantasiereiche Menschen — große Dichter — werden oft sehr irreligiös, und sehr prosaische Menschen sehr religiös gefunden.

Am leichtesten würde die Widerlegung aller Zweifel an dem Vorhandensein eines selbstständigen Sinnes der Gottesverehrung dann sein, wenn ich mich auf das Bewußtsein dieses Sinnes im Menschen selbst berufen dürfte, d. i. wenn jene Widerlegung nicht eben gegen Die zu führen wäre, die diesen Sinn in sehr schwachem Maße besitzen, die also über seine Thätigkeit nicht aus eigner Erfahrung urtheilen können. Der fromme Mensch im Gefühl seiner Frömmigkeit, seiner Andacht, weiß am besten selbst, daß dies Gefühl weder eine Thätigkeit des Verstandes, noch der Furcht, noch des Dichtungsvermögens ist, sondern er kennt dasselbe als ein durchaus eigenthümliches, das eben nur genannt, aber nicht beschrieben und erklärt werden kann, so wenig als dem Blinden oder dem Tauben die Farbe oder der Ton beschrieben werden könnte.

Je nachdem in einem Menschen neben dem Sinn der Religiosität andere Sinne stark oder schwach sind, wird sich natürlich der Charakter im Einzelnen sehr verschieden gestalten. Der Sinn der Gottesverehrung oder der Anbetung eines höheren Wesens schließt seinem Wesen nach auch den Sinn der Ehrfurcht überhaupt in sich oder hat ihn im Gefolge, also den Sinn der Unterwürfigkeit und Demuth, z. B. gegen die Majestät des Fürsten, gegen die Heiligkeit der Obrigkeit. Republiken gedeihen darum nur sehr selten und nur unter besonders begünstigenden Umständen, weil die Menschen geborene Monarchisten sind. Oft ist neben dem Sinn der Religiosität der Zerstörungssinn groß. So zeigte Philipp II. von Spanien durch Inquisition und Ketzerverbrennungen seinen religiösen Eifer. Ist der Künstler religiös, so vermeidet er in seinen Schöpfungen alles Leichtfertige und stellt religiöse Gegenstände dar. Der fromme Naturforscher, wie Newton, Bonnet, weist überall auf Gottes Macht hin; der fromme Dichter, wie Klopstock, Milton, dichtet religiöse Gesänge. Der Sinn der Religiosität und der Ortsinn sehr entwickelt bildet Missionäre u. s. w.

Wenn Religiosität mit widerstreitenden Eigenschaften, z. B. mit Falschheit, Grausamkeit, Sinnlichkeit sich zusammenfindet, hält man gewöhnlich die Menschen für Heuchler. Aber in den meisten Fällen mit Unrecht. Sowie bisweilen im Uebrigen tugendhafte Menschen sich weniger zur Gottesverehrung hingezogen fühlen, weil der Sinn der Religiosität in geringerem Maß bei ihnen vorhanden ist, so besitzen bisweilen Menschen mit sonstigen bedeutenden Charakterfehlern diesen Sinn in großem Maße und finden so in Andacht und Gebet wirklichen Genuß und Befriedigung. So ist z. B. vielen Geschichtsforschern der Charakter Cromwell's (auch Suwarow's u. A.) ein Räthsel gewesen; sie glaubten ihn, weil sein Hang zur Andacht mit einigen seiner übrigen Eigenschaften nicht übereinzustimmen schien, für einen Heuchler halten zu müssen, was er doch ohne Zweifel nicht war.

Wenn wir daher einen Menschen in seinem ganzen übrigen Charakter genau kennen, wenn wir wissen, ob er verständig oder beschränkten Geistes, ob er zur Furcht geneigt oder unerschrocken, ob er poetischen oder prosaischen Sinnes ist, ob er diese oder jene Leidenschaft hat, so wissen wir damit noch nicht, ob er einen starken oder schwachen Sinn der Gottesverehrung besitzt. Ebenso umgekehrt, wenn wir das größere oder geringere Maß dieses Sinnes in einem Menschen kennen, so kennen wir damit noch nicht das Maß irgend welches seiner übrigen Sinne. So ist die Phrenologie, wie wir sehen, zugleich die Wissenschaft der praktischen Menschenkenntniß. Denn die häufigsten und größten Selbsttäuschungen in unserm Urtheil über die menschlichen Charaktere haben darin ihren Grund, daß wir von einer oder einigen wenigen uns bekannten Eigenschaften eines Menschen auf seinen Charakter überhaupt schließen: während dagegen die Kenntniß der Grundvermögen des Geistes in ihrem verschiedenen möglichen Maße uns das große Räthsel löst, warum und inwiefern die Menschen gut und böse, stark und schwach, verständig und unverständig, ja sogar gesunden Geistes und geisteskrank zugleich sein können.

2

Die Phrenologie ist, wie wir bereits wissen, eine doppelte Wissenschaft, sie ist Geisteslehre und Organenlehre. Das Organ des in den bisherigen Andeutungen nachgewiesenen Sinnes der Gottesverehrung liegt mitten auf dem Oberkopfe, gerade unter der sogenannten großen Fontanelle. Gall hat als Beispiele zur Veranschaulichung die Bildnisse vieler als religiös bekannter Männer gegeben, z. B. von Antonin dem Frommen, Stephan I., König von Ungarn, Ignaz von Loyola, Gustav Adolf, Ludwig XIII., Bonnet, Lavater, Sailer, Milton, und als Gegenstück den in dieser Hinsicht merkwürdigen Kopf von Spinoza.

Gall weist auch auf die bekannte Bildung der Christusköpfe Raphael's hin. An ihnen sind die Gehirntheile oder Organe um und hinter den Ohren, die der Mensch mit den Thieren gemein hat, klein, dagegen die des Vorderkopfs und der Scheitelgegend, die den Verstandes- und Gemüthssinnen, besonders dem religiösen Sinn angehören, sehr groß. Gall stellt die Frage, ob man diese göttliche Form des Kopfes erfunden habe, oder ob wir annehmen dürfen, daß es eine Nachbildung des Originals sei? Es ist möglich, sagt er, daß die Künstler die Köpfe der tugendhaftesten, frömmsten und wohlwollendsten Menschen, welche sie auffinden konnten, zum Muster genommen und darnach ihren Christuskopf gezeichnet haben. Wahrscheinlicher aber, so meint er aus mehreren Gründen schließen zu dürfen, sei wenigstens die allgemeine Form des Kopfes Christi bis auf uns herübergekommen.

Noch möge ein Krankheitsfall, den ich der gütigen Mittheilung des Herrn Dr. Gergens in Wiesbaden verdanke, hier eine Stelle finden. Vor einigen Jahren zeigte ein bisher gesunder und verständiger junger Mann Anfälle eines religiösen Wahnsinns. Er fiel oft vor irgendwem auf die Kniee und bekannte sich als einen großen Sünder, der an der Gnade Gottes verzweifeln müsse. Die Krankheit steigerte sich bald so, daß er sich in der Verzweiflung seines Wahnsinns in den Kochbrunnen zu Wiesbaden stürzte und so einen schrecklichen Tod fand. Bei der Oeffnung des Schädels zeigten sich an der inneren Schädelfläche, der Stelle des Organs der Religiosität gerade entsprechend,

einige ziemlich bedeutende Knochenauswüchse, die auf jenes Organ einen starken Druck üben mußten. Herr Dr. Gergens ist
im Besitz dieser Knochenauswüchse. Einige ähnliche Fälle vom
Organ des Sinnes der Religiosität sind in der Zeitschrift für
Phrenologie erzählt.

Zum Schluße ein Wort über die Geberdensprache des Sinnes der Gottesverehrung. Zufolge der Lage des Organs wird,
wenn der Sinn thätig ist, der Kopf in die Höhe gerichtet
werden. Wenn aber die Gefühle der Größe und der Allmacht
Gottes ausschließlich die Oberhand haben, bemüthigt sich der
Mensch, und von großer Verehrung durchdrungen betet er im
Staube an. Ich sah einen eifrig Betenden — sagt Gall — der
sich alle Mühe gab, das Pflaster nicht mit der Stirne, sondern
mit dem Kopfe gerade an der Stelle des Organs der Religiosität zu berühren. Daß man sich gegen den Himmel richtet,
kommt daher, sagt man, daß man glaubt, Gott wohne in der
Höhe. Wer sagt uns aber, daß Gott in der Höhe sei? Von
Kindheit an lehrt man uns, daß er überall gegenwärtig ist:
wir sollten uns daher nach allen Richtungen wenden. Allemal
aber, wenn ein Organ mit Macht wirkt, denken wir nicht mehr
an das, was man uns gelehrt hat, und eine innere Kraft leitet
unsere Bewegungen. Warum können wir uns nicht von der
Idee losmachen, daß Gott in der Höhe sei? Blos darum, weil
das Organ des Sinnes, der den Menschen zum Gottesbegriff
befähigt, seine Lage in dem höchsten Theil des Gehirnes hat.

Soweit die phrenologische Darstellung des Sinnes der
Gottesverehrung und seines Organs. Ich wende mich nun zur
Anwendung der Phrenologie auf die Religionswissenschaft. Da
die Grundlage aller und jeder Religion der Gottesglaube ist,
so wird die Frage nach dem Dasein Gottes die erste, die nach
der wahren Gottesverehrung die zweite unserer Untersuchung sein.

2.

Um vom Dasein Gottes zu sprechen, müssen wir uns vor
Allem über die Bedeutung des Wortes Gott verständigen. Es
gibt hier zwei verschiedene Ansichten. Die Einen sagen: Gott

ist nichts anderes, als die lebendige unbewußte Natur. Die
Anderen sagen: nein, Gott ist ein über der Natur stehendes
selbstbewußtes Wesen. Die erste Ansicht leugnet Gott, spielt mit
dem Worte Gott. Denn zu sagen, es gibt einen Gott, aber
dieser ist die Natur, ist nichts anderes als zu sagen, es gibt
keinen Gott. Wenn das Wort Gott nicht ein leeres sein soll,
so muß man darunter ein höchstes, über der Natur stehendes,
selbstbewußtes Wesen begreifen.

Das Dasein eines solchen Gottes aber wird durch die That=
sache der Phrenologie bewiesen, daß der Mensch einen einge=
bornen Sinn der Gottesverehrung besitzt. Denn es muß einen
diesem Sinn entsprechenden Gegenstand, einen Gott geben, weil
es schlechthin unmöglich ist, daß die Natur sich selbst widerspräche,
daß sie eine und dieselbe Sache zugleich bejahte und verneinte.
Es gibt und kann unter allen den unendlich zahlreichen Natur=
erscheinungen kein einziges Beispiel geben, daß man die Natur,
die ewig wahre, der Lüge zeihen müßte.

Man kann gegen diesen Beweis nicht einwenden, daß auch
die Natur selbst als Gottheit diesem Sinn der Gottesver=
ehrung genüge. Denn der in der Phrenologie nachgewiesene
Sinn ist ja der der Andacht, der Frömmigkeit, der Herzens=
sprache mit Gott. Wenn die Natur selbst Gott wäre, so könnte
wohl von einer „Bewunderung" der Gottheit, d. i. der Größe
und der Schönheit der Natur, die Rede sein: allein es wäre
dann widersinnig, wenn der Mensch fromm sein, d. i. vor
einem höhern Wesen in Demuth sich neigen, zu Gott in An=
dacht sein Herz erheben, zu Gott beten wollte; der Mensch
müßte, weil er selbst in der Natur das höchste Wesen ist, sich
vor sich selbst neigen, er müßte sich selbst anbeten.

Die gefundene Wahrheit stellt sich noch fester, wenn wir
etwas tiefer auf das Wesen des menschlichen Geistes eingehen.
Wie oben angedeutet, sind die inneren Sinne des Menschen
nicht wesentlich von den äußeren verschieden. Das Wort Sinn
bezeichnet nichts anderes als ein Mittel des Erkennens. So wie
uns das Auge die äußere Sichtbarkeit der Dinge erkennen läßt,
so lassen uns die inneren Sinne die verschiedenen Verhältnisse,

Beziehungen und Lagen der Dinge und der Menschen erkennen; so z. B. der Sinn der Kinderliebe unser Verhältniß zur Kinderwelt, der Sinn der Anhänglichkeit unsere Beziehung zu unseren Mitmenschen, der Ortsinn das Verhältniß der Oertlichkeiten ꝛc. Ganz auf dieselbe Weise läßt uns der innere Sinn der Gottesverehrung unser Verhältniß zu einem dieser Verehrung entsprechenden höhern Wesen erkennen.

Was also die Bürgschaft betrifft, die wir haben, daß dem Sinne im Menschen der Gegenstand außer ihm entspreche, so stehen hier die äußeren und die inneren Sinne ganz gleich, diese Bürgschaft ist bei den äußeren Sinnen nicht größer, als bei den inneren. So wie z. B. der Mensch vermöge des Sinnes der Geschlechtsliebe oder der Kinderliebe eine Kenntniß, ein Gefühl vom Dasein von Personen des andern Geschlechts oder von Kindern besitzen würde, wenn er deren auch nie gesehen oder nie von ihnen gehört, oder so wie die junge Schwalbe vermöge des Ortsinns, der sie zum Wandern treibt, eine Kenntniß vom Dasein des fremden Landes hat, das sie noch nie erblickte, so hat der Mensch vermöge des Sinnes der Gottverehrung eine Kenntniß vom Dasein Gottes, eine Kenntniß, die gerade so sicher ist, als die Kenntniß, die wir vom Dasein der körperlichen Dinge durch die äußern Sinne besitzen. Wir haben also keine größere Bürgschaft für das Dasein der Sonne am Himmel, die wir mit dem äußern Sinne des Auges erblicken, als für das Dasein eines Gottes, den wir mit dem innern Sinne der Religiosität erkennen und anbeten.

Diese Wahrheit löst auch den vermeintlichen Zwiespalt zwischen Glauben und Wissen in der Religion. Der religiöse Mensch — der Mensch, der den Sinn der Religiosität in nicht zu schwachem Maße besitzt — glaubt nicht blos an Gott, sondern er weiß Gott, wie jeder Mensch mit gesundem Auge den Tag und die Sonne am Himmel weiß. Dies stimmt auch mit der Sprache aller frommen Menschen überein. Sie sprechen von einem unmittelbaren Empfinden, einem Schauen, einem Wissen Gottes, sie leben nach ihrem Gefühle in Gott und Gott in ihnen.

Wohl den Menschen, die den Sinn der Frömmigkeit in

entschiedenem Maße besitzen; sie sind von den minder damit Begabten zu beneiden, mehr als irgend eine andere Geistesgabe zu beneiden ist.

Man könnte hier vielleicht entgegnen, zwischen den beiden Arten des Wissens, dem Wissen der äußeren Dinge und dem Gottes sei ein großer Unterschied; denn die Dinge, die wir mit den Augen sehen, begriffen wir, aber Gott sei etwas Unbegreifliches. Allein dieser Einwurf beruht auf einem Irrthum. Wir begreifen eben so wenig die sichtbaren Dinge, die sichtbare Welt, als den unsichtbaren Gott. Unser Verstand bleibt uns überall die Erklärung schuldig. Das Daseyn der Welt ist gerade so merkwürdig, so leicht oder so schwer zu erklären, als das Daseyn Gottes.

Daher ist auch der Beweis, den man vom menschlichen Verstand, vom Schlußvermögen für das Daseyn Gottes hat hernehmen wollen, immer fehlgeschlagen. Es ist dies der nämliche Beweis, den man in der Schule dem Kinde vorsagt, der aber gründlich betrachtet nicht Stand hält. Nämlich der Beweis ist der: der Verstand sagt uns, daß diese so schön und wohlgeordnete Welt für diese Schönheit und Ordnung einer Erklärung bedürfe. Nun stehen dem Verstand zwei Wege zu Gebot, diese Erklärung zu versuchen. Entweder er nimmt an, die Schönheit und die Ordnung liege in der Natur selbst, oder er setzt über der Natur eine sie schaffende und ordnende vernünftige Gottheit voraus.

Aber der zweite Weg ist für den Verstand gerade so viel werth, als der erste Weg ohne die Annahme einer Gottheit, nämlich nichts. Denn der Verstand fragt dann wieder und muß wieder fragen: was liegt denn der Gottheit als Ursache zum Grunde? wie erklärt man ihr Dasein? eine Frage, auf die es wieder keine für den Verstand giltige Antwort gibt. Die Erklärung also für die Schönheit und Ordnung der Natur bleibt aus, der Verstand, das Schlußvermögen bleibt unbefriedigt, man mag den ersten oder den zweiten der beiden Wege gehen.

Ist es da ein Wunder, daß so viele Philosophen den kürzern Weg für den bessern oder vernünftigern erklärten, daß sie

Ueber die Natur selbst Gott nannten, als daß sie noch einen zweiten Schritt thaten, und einen über der Natur stehenden Gott annahmen, der den Verstand eben so wenig befriedigte?

Mit einem Worte: die sogenannte Philosophie, d. i. die Philosophie des Verstandes, der Denkkraft, des Schlußvermögens, hat immer oder gewöhnlich das Dasein Gottes geläugnet. Denn jene Philosophen — ein Hegel, ein Strauß, ein Feuerbach — waren ganz in einseitiger Geistesthätigkeit, d. i. im nackten Denken und Schließen befangen; sie übersahen ganz oder wußten nicht, daß der Mensch neben der Denkkraft ein inneres Auge für das Schauen der Gottheit besitzt, das nach deren Erklärung nicht erst fragt und nicht erst zu fragen hat. So wie der Mensch von dem Dasein der sichtbaren Welt überzeugt ist, ohne daß er nach deren Erklärung oder Begreiflichkeit fragt, so der fromme Mensch von dem Dasein Gottes, ohne daß er — und mit demselben Rechte — nach dessen Erklärung oder Begreiflichkeit zu fragen hätte. Hiervon gilt das Wort des Dichters:

> Was kein Verstand der Verständigen sieht, ,
> Das übt in Einfalt ein kindlich Gemüth.

3.

Wenn wir, zum zweiten Punkt unserer Untersuchung übergehend, nach der wahren Religiosität des Menschen fragen, so ist die Antwort die: die Religiosität des Menschen, um eine wahre zu sein, muß vor Allem eine menschliche sein, d. i. der Sinn der Gottesverehrung muß in Harmonie mit den übrigen Sinnen des Menschen thätig sein. Denn der Mensch ist, so wie er ist, durch den Willen Gottes. Wir haben also in der Geistesbeschaffenheit des Menschen eine Vorschrift Gottes für die Handlungsweise, für das Thun und Lassen des Menschen. Ganz dieselbe Frage wiederholt sich bei allen übrigen Sinnen, z. B. was ist die wahre Kinderliebe, die wahre Freundschaft, der wahre Muth, der wahre Stolz? u. s. w. Auf alle diese Fragen ist die Antwort immer eine und dieselbe. Die Kinderliebe z. B., um eine wahre zu sein, soll nicht blind blos ihrem eigenen Triebe folgen, sondern sie soll mit allen übrigen Sinnen des Menschen, mit den Denkkräften, mit der Festigkeit, mit der Vorsicht u. s. w. Hand in Hand gehen.*)

Wenn wir nun vor Allem nach der Beziehung des Sinnes der Gottesverehrung zu den Denkkräften des Menschen, oder

---

*) „Die Frage, was Religiosität sei, wird oft durch zwei einander entgegengesetzte Ansichten beantwortet. Nach der einen (ultraorthodoxen) Ansicht kann der Mensch nur allein durch den Glauben, d. i. durch die wahre Andacht und Gottesverehrung, durch das geistige Sichhingeben, Sichzueigengeben an die Gottheit wahrhaft religiös sein. Diese Ansicht behauptet wohl auch, ganz folgerichtig, damit der Glaube, die wahre Andacht im Menschen recht lebendig werde, müsse dieser alle übrigen geistigen Regungen in sich tödten; um Gott zu leben, müsse der Mensch der Welt sterben. Nach der zweiten (ultrarationalistischen) Ansicht bedarf es zur Religiosität nicht dieses Glaubens, sondern nur der Rechtschaffenheit; der Mensch ist religiös, behauptet diese Ansicht, wenn er nach Gottes Geboten handelt, wenn er Recht thut. — Wie einseitig sind oft die Menschen in ihrer Streitlust! Wie muß man oft die einfachsten Wahrheiten in der Mitte zwischen zwei streitigen Gegensätzen suchen! Wie leicht war es zu erkennen, daß keine dieser einseitigen Ansichten die wahre sei, sondern daß nur beide in ihrer Vereinigung die Wahrheit bilden! Der Schöpfer hat dem Menschen den Sinn der Religiosität und neben diesem auch andere Sinne gegeben. Kann es sein Wille sein, daß der Mensch entweder jenen Sinn allein, oder daß er diese Sinne allein gebrauche? Nein, jener Sinn und diese sollen beide im Menschen thätig sein; dies um so mehr, da die beiderlei Sinne sich nicht nur nicht widersprechen, sondern sich vielmehr ergänzen und unterstützen. Es wäre so schwer, ja unmöglich, den Sinn der Religiosität in seiner Thätigkeit von den übrigen Sinnen zu trennen. Man denke sich in die Seele eines Menschen, welcher alle übrigen menschlichen Gefühle in sich tödten und nur andächtig, nur fromm sein wollte. Fürwahr, das wäre eine gezwungene, eine unnatürliche, gleichsam eine todte Frömmigkeit. Die Frömmigkeit des Menschen dagegen, welcher fromm und auch Mensch ist, wird von allen übrigen menschlichen Gefühlen noch gehoben, sie ist eine freudige, eine lebendige, sie ist die wahre Frömmigkeit. Andrerseits kann der Mensch eben so wenig blos durch Rechtschaffenheit religiös sein. Wenn auch alle übrigen Sinne in ihm thätig, alle übrigen Tugenden in ihm lebendig sind, und es fehlt ihm die Thätigkeit des Sinnes der Religiosität, der wahre, innige Gottesglaube, die wahre Frömmigkeit, so fehlt ihm eine wesentliche, ja die erste menschliche Tugend, und er ist nicht ganz und wahrhaft tugendhaft, nicht religiös. Auch die Religiosität also besteht in der Harmonie der menschlichen Geistesthätigkeit." Phrenologische Bilder S. 512.

mit anderen Worten nach dem Begriffe fragen, den sich der Mensch von der Gottheit machen soll, so stimmt bekanntlich der christliche Gottesbegriff, welcher Gott mit einem Vater vergleicht, der alle Menschen als seine Kinder mit Liebe umfaßt, der gerecht belohnt und gerecht straft, dieser Begriff stimmt vollkommen mit dem überein, den sich die Denkkraft von einem höchsten Wesen, einer Vorsehung machen kann.

Die Menschen stehen diesem Gottesbegriff mehr oder weniger nahe, je nachdem ihr Verstand mehr oder weniger ausgebildet ist. Der niederst stehende Wilde betet den todten Klotz oder den Stein als Gott an; der etwas höher stehende ein lebendiges Thier, oder die Sonne, oder einen Menschen, oder die Kräfte der Natur. Einen Uebergang zu dem christlichen Gottesbegriff bildeten die alten Israeliten, welche Gott zwar als einen unsichtbaren Geist, aber oft als einen Gott des Zorns und der Rache und als einen Gott blos ihres Volks verehrten.

Bekanntlich hat sich der christliche Gottesbegriff nicht immer rein erhalten. Wenn man sich z. B. Gott als einen unduldsamen und grausamen dachte, der an der Verbrennung von Ketzern Gefallen finde, oder der nur die zu dieser oder jener Kirchengemeinschaft gehörenden Menschen zur ewigen Seligkeit, alle Uebrigen aber zur ewigen Verdammung bestimmt habe u. s. w., so sind dieses und Aehnliches Gottesbegriffe, die, wie sich von selbst versteht, oder wie uns unser Verstand sagt, des reinen christlichen Begriffs von Gott unwürdig sind.

Man könnte mir hier vielleicht den Einwurf machen, oben, wo ich vom Beweise für das Dasein Gottes sprach, habe ich die Denkkraft oder den Verstand so gut als verworfen, und hier, wo es sich vom richtigen Begriff von Gott handle, berufe und stütze ich mich auf eben die Denkkraft, eben den Verstand. Darin liege ein Widerspruch.

Allein der Beweis vom Dasein Gottes und der von der Beschaffenheit oder den Eigenschaften Gottes sind zwei verschiedene Beweise. Den Beweis für das Dasein Gottes gibt der innere Sinn der Gottesverehrung. Dieser sagt aber nur so viel, daß es eine Gottheit, d. i. einen Gegenstand der Anbetung, der

Andacht, der Frömmigkeit gibt. Wie beschaffen aber diese Gottheit sei, muß uns unser Verstand und unser Gefühl sagen.

Wenn der Wilde einen Klotz oder ein Thier als Gottheit verehrt, so beweist diese Thatsache zweierlei, erstens das Dasein Gottes, so gut, oder noch besser, als die Gottesanbetung des aufgeklärten Christen; denn sie zeigt die Allmacht der Stimme im Menschen, die ihn, unabhängig von der Denkkraft, zur Gottesverehrung treibt. Diese Thatsache beweist aber zugleich zweitens die Nothwendigkeit, daß zu dem Beweise vom Dasein Gottes noch ein anderer Beweis von der Beschaffenheit Gottes hinzukomme, oder die Nothwendigkeit, daß das Auge, welches Gott schaut, ein klares, aufgehelltes Auge sei.

Nehmen wir zu noch sichererm Verständniß dieses wichtigen Punktes ein Gleichniß zu Hilfe.

Ein Reisender in einem fremden Welttheil ersteigt die Höhe eines Gebirges und entdeckt zur anderen Seite desselben ein neues, nie betretenes Land. Er erblickt das Land, ohne genau die einzelnen Gegenstände darin unterscheiden zu können.

Wenn man ihm nun sagte: in diesem Lande flössen die Ströme bergan, statt bergab, oder die Thiere und die Bäume redeten menschliche Sprachen oder die Menschen wohnten unter dem Wasser der Flüsse u. dgl., so würde der Reisende natürlich alles dieses nicht glauben, weil es mit seiner Vernunft im Widerspruch steht. Daß das Land vorhanden ist, glaubt er, oder vielmehr weiß er, weil er es sieht. Um jedoch über die Beschaffenheit des Landes zu urtheilen, dazu genügt das Auge nicht, denn es reicht nicht weit genug; dazu bedarf es des Verstandes des Reisenden, der ihm leicht sagt, daß jene Erzählungen nur Fabeln sind und nicht auf Wahrheit beruhen können. Sein Diener vielleicht, ein Wilder ohne aufgeklärten Verstand, wird diesen Erzählungen glauben, der Reisende aber wird von dem Lande zwar keine vollkommen deutliche, doch eine vernünftige und insofern mit der Wahrheit übereinstimmende Vorstellung fassen.

Was in diesem Beispiel jenes Land ist, das ist in unserer Frage die Gottheit. Der Mensch bedarf des Sinnes der Gottesverehrung, um an Gottes Dasein nicht zu „glauben" — denn dieses Wort ist hier ein schlechtes, weil es ein zweideutiges ist — sondern um davon überzeugt zu sein, um es zu wissen. Um sich aber von Gott einen richtigen und vernünftigen Begriff zu machen, dazu bedarf der Mensch seines Verstandes und seines Gefühls.

Was in dem Beispiele die fabelhaften Erzählungen sind, das sind in der Religion jene Ansichten von unwürdigen Eigenschaften Gottes. Der Vernünftige wird sogleich die Irrigkeit solcher Ansichten erkennen, während der auf der Stufe der Vernunft oder der Aufklärung noch tiefer stehende Mensch dieselben leicht als wahr annimmt.

Dies führt uns auf eine andere Frage. Darf es eine äußere Macht geben, welche den Menschen zu diesem oder jenem religiösen Glauben zwingt, auch wenn er mit seiner Vernunft im Widerspruch steht? Diese Frage ist unbedingt zu verneinen. Denn Gott hat dem Menschen die Denkkräfte gegeben, damit er vernünftig über Alles, also vorzugsweise auch über Religion nachdenke; ein gegen die Ueberzeugung aufgezwungener Glaube würde also die Religion, wie sie Gott selbst gewollt, vernichten. Ueberdies fehlt dem Menschen, der sich irgend welcher Glaubensvorschrift blind unterwirft, eben dadurch alle Bürgschaft für die nur durch den Verstand zu unterscheidende Güte oder Schlechtigkeit dieser Vorschrift, alle Bürgschaft also gegen die größten sittlichen oder Verstandesverirrungen, in die er im Namen der Religion verfallen kann. Welche Gräuel sind schon aus sogenannter Religiosität begangen worden! Wie viele Tausende zum Theil der edelsten Menschen starben als Ketzer den Feuertod, wie viele in der Pariser Bluthochzeit! u. s. w.

Wir leben glücklicher Weise in einer Zeit, wo Aehnliches nicht mehr geschehen kann. Der Mensch ist sich mehr und mehr über seine Denkkräfte und über seine bessern Gefühle klar geworden. Allein es ist bekannt, daß trotz dieser Aufklärung noch nicht alle Religionsverirrungen verschwunden sind. Es gibt noch jetzt Leute, und selbst Geistliche, welche dem Grundsatz der Unduldsamkeit huldigen. Freilich sind dies nur Wenige, verglichen mit der großen Mehrzahl der Verständigen und Aufgeklärten. Aber auch diese Wenigen sind noch zu viele. Der Fehler liegt hier natürlich weniger an diesem oder jenem Bekenntniß, — denn man findet bekanntlich unter allen christlichen Bekenntnissen solche Unduldsame, — als am Menschen selbst, entweder an einem gewissen schroffen, herrschsüchtigen, menschenfeindlichen Charakter (wenn der „Zerstörungssinn" und das Selbstgefühl zu groß und das Wohlwollen zu klein ist) oder an Verstandesschwäche.

Allein der Grundsatz der Unduldsamkeit befördert überdies noch auf besondere Weise, worauf man viel weniger zu achten scheint, die Gottlosigkeit und die Sittenlosigkeit. Ich will dies mit wenigen Worten darzuthun suchen.

Die Wahrheiten der christlichen Religion zerfallen bekanntlich in zwei große Klassen, erstens in solche, welche allen christlichen Bekenntnissen gemeinschaftlich sind. Liebe Gott über alles und deinen Nächsten wie dich selbst, darin hast du das Gesetz und die Propheten, sagt Christus. Ueber diese Wahrheit also mit allen den zahlreichen einzelnen Wahrheiten, die sich daraus ergeben, sind alle christliche Bekenntnisse einmüthig einverstanden. Es gibt aber zweitens auch viele Behauptungen, welche nur einem bestimmten Bekenntnisse eigenthümlich sind und worüber dieses andere bekämpft und von ihnen bekämpft wird.

Die aufgeklärten und duldsamen Christen nun legen nur auf jene unbestrittenen Grundwahrheiten des Christenthums besonderes Gewicht und lehren diese besonders verehren und befolgen. Die strenggläubigen und unduldsamen dagegen legen vorzugsweise Gewicht auf die bestrittenen Wahrheiten, die sich doch schon dadurch, daß sie nicht einstimmig angenommen sind, nicht zu unbedingten Glaubensvorschriften eignen, vor allem nicht in unserer Zeit der Aufklärung, der freien Wissenschaft, der öffentlichen Besprechung aller Wahrheiten, also auch der religiösen. Wie sehr verfehlt ist es also, einem Menschen diesen oder jenen bestimmten Glaubenssatz als zwingend lehren zu wollen, da ihm früher oder später auch andere religiöse Ansichten bekannt werden können, denen seine Denkkräfte oder höheren Gefühle den Vorzug geben, und die er daher, er mag wollen oder

nicht, annehmen und glauben muß. Denn der Glaube, gerade
so wie das Wissen, hängt nicht von meiner Willkühr ab. Ich
kann nicht zu mir sagen: ich will jetzt Dieses glauben oder wissen,
und Jenes nicht glauben oder nicht wissen. Denn was ich glaube
oder weiß, das ist mein geistiges Eigenthum, selbst trotz meines
Willens, und was ich nicht glaube oder nicht weiß, das ist,
selbst trotz meines Willens, mein geistiges Eigenthum nicht.

Das Allerschlimmste ist aber, daß von manchen Religions-
lehrern beim Jugendunterricht auf Sätze jener Art die Sittenlehre gebaut wird, wobei der Grundgedanke dieser ist: die Religion ist die Grundlage der Sittlichkeit; weil du
also das und das glaubst, hast du. diese und diese
Pflichten, mußt du so und so handeln. Das Kind,
der Knabe, das Mädchen, lernt diese Glaubenssätze und die
darauf gebauten Sittenlehren auswendig, glaubt diese Sätze und
befolgt gläubig die Gebote der Sittenlehre.

Aber das Kind bleibt nicht Kind, der Knabe wird zum
Manne, und oft schon als Jüngling, — nachdenkend und prü-
fend und vergleichend, — verliert er den Glauben an manche
jener Sätze und damit seinen ganzen Glauben. Denn der
Glaube im Menschen ist immer und muß immer Eines und ein
Ganzes seyn; es ist unendlich schwer, wenn ein Theil des Glaubens verloren geht, den andern zu retten.

Da stürzt denn mit dem Unterbau, mit dem Glauben oder
der Religion, auch der Ueberbau, die Sittlichkeit, im Menschen
zusammen. Der Mensch wird bis zur moralischen Verzweiflung
unglücklich, er hat seinen sittlichen Halt, er hat sich selbst verloren. Und dieser Fall ist leider nicht die Ausnahme, sondern
eher die Regel.

So ist also der sittliche Leichtsinn unserer Zeit, der erschreck-
ende Unglaube, dem man bei vielen Menschen, selbst der mittleren
und unteren Klassen der Gesellschaft, begegnet, großentheils die
Folge davon, daß man dem Kinde eine andere Religion lehrte,
als eine solche, die auch dem denkenden Manne Befriedigung
gewähren mußte. Wie viele Männer, irgend welchen Bekennt-

nisses, gibt es wohl in unseren Tagen, deren religiöser Glaube noch derselbe ist, wie der, den man dem Kinde gelehrt hat?

Wie schön dagegen läßt sich dem Kinde die Religion lehren, wenn man zu ihm spricht: Gott ist in dir, suche ihn in dir auf; Gott spricht zu dir, lerne du auch zu ihm sprechen.*) Und diese Worte sind für den Mann nicht zu ändern. Es ist nur hinzuzufügen: hörst du in dir die Stimme des Wohlwollens, der Menschenliebe, die dir dem Unglücklichen zu helfen, dem Beleidigenden zu verzeihen gebietet? Gib ihr Gehör! Hörst du in dir die Stimme der Gewissenhaftigkeit und der Festigkeit, welche dich deine Leidenschaften beherrschen heißt? Folge ihr! Hörst du in dir die Stimme der Hoffnung, welche dich auf Gottes Vorsehung vertrauen lehrt? Glaube ihr!

Wie tief stehen unter dieser Religionslehre jene Glaubensvorschriften, steht überhaupt der Glaubenszwang, dem eine die Religion herabwürdigende Idee zum Grunde liegt. Der denkt fürwahr nieder und unwürdig von der Religion, der sie eines Zwanges, gleichsam einer Polizei, zu ihrem Schutze für bedürftig hält. Dieser Irrthum hatte darin seinen Grund, daß man nicht wußte, daß die Religion von Natur im menschlichen Gemüthe lebt, daß sie keiner Wache bedarf, um darin festgehalten zu werden, sondern daß sie, so wie jede andere Tugend, von einer solchen Wache eher aus dem Herzen verscheucht werden könnte.

Mit diesem Irrthum hängt ein anderer zusammen, daß viele Menschen nicht zu wissen scheinen, daß die Religion, eben weil sie eine innere Sache des Menschen ist, nie dieselbe bleibt, sondern in immerwährender Entwicklung begriffen ist. Wenn der Mensch in jeder andern Beziehung ein fortschreitendes Wesen ist, sollte er in seiner höchsten Angelegenheit, in der Religion, immer auf demselben Standpunkt stille stehen? Jenen Leuten,

---

*) Dies ist bis dahin mißverstanden worden, als sollten diese Worte den Inhalt des Religionsunterrichts des Kindes bilden. Es ist selbstverständlich, daß sie vor Allem den Geist und das Wesen dieses Unterrichts als eines mehr innerlichen als äußerlichen bezeichnen sollen.

die blind am Alten hängen, und für welche alle Lehren der
Geschichte verloren zu sein scheinen, ist eine Erneuerung, eine
Verbesserung in der Religion ein Gräuel, sie sehen darin deren
Vernichtung, statt daß sie deren erneutes Aufleben darin sehen
sollten.   Wie jammerte das Volk im alten Heidenthume über
den geglaubten Untergang der Religion, als der Christusglaube
die alten gewohnten Götter stürzte; wie sahen Viele damals
das Ende alles Glaubens vorher, als Luther die Macht des
Papstes angriff; wie wird jetzt den verständigen und duldsamen
Geistlichen, welche, die Forderungen unserer Zeit klar erkennend,
auf die allgemein unbestrittenen Lehren der christlichen Religion
das größte Gewicht legen, wie wird, sage ich, diesen von den
Unduldsamen der Vorwurf gemacht, daß sie durch ihre Kälte
und Gleichgültigkeit die Religion in Gefahr setzen! Fürwahr,
die duldsamen Männer sind wärmere und verständigere Religionsfreunde, als jene Unduldsamen, welche gerade durch ihre
Handlungsweise die Religion — so weit sie in Gefahr kommen
könnte — in Gefahr bringen.

Und hat nicht ausdrücklich Christus selbst, indem er uns
Gott im Geiste und in der Wahrheit anbeten lehrte, indem er
überall den Männern des blinden Buchstabenglaubens entgegen
trat, indem er seine Schüler aufforderte, in der Schrift zu for-
schen, indem er ihnen seinen Geist zu senden verhieß: — hat
Christus damit nicht ausdrücklich den lebendigen, auf freier
Prüfung und Ueberzeugung ruhenden Glauben und damit die
allgemeine Duldsamkeit für einen Grundstein seiner Kirche erklärt,
wogegen der Glaubenszwang und die Unduldsamkeit nur einen
äußerlichen, unlebendigen Glauben zur Folge haben kann!

Wir gehen in religiöser Hinsicht schöneren Zeiten entgegen,
als die vergangenen sind. In der Weltgeschichte ist der Gang
immer der, daß, was äußerlich werden will, sich erst nach und
nach innerlich vorbereitet. Auf diese Weise hat sich aber schon
seit lange eine Annäherung der Religionsgemeinschaften in
Deutschland vorbereitet. Denn wodurch unterscheiden sich noch
die aufgeklärten Männer der verschiedenen christlichen Bekenntnisse? Wesentlich durch nichts. Alle kommen in der Duldung

der religiösen Ansichten überein, in der Ueberzeugung, daß es nicht einmal möglich wäre, daß die religiösen Ansichten aller Menschen die gleichen seien. Das Glaubensbekenntniß, das der Annäherung zum Grunde liegt, ist das Christenthum, wie es Christus selbst gelehrt hat, in seiner herrlichen Größe und Einfachheit, nämlich einestheils, dem blinden und todten Glaubenszwang gegenüber, die innere lebendige Gläubigkeit und Frömmigkeit (liebe Gott über Alles), anderntheils, dem Verdammungseifer und Glaubenshaß gegenüber, die thätige Menschenliebe (und deinen Nächsten wie dich selbst).

Es kann nicht fehlen, daß die religiöse Duldung und Annäherung, die auf diese Weise schon wirklich besteht, bald auch äußerlich in's Dasein treten und zur Geltung gelangen wird. Unzweideutig sind die Zeichen der Zeit! Daher werden bald, wenn es erst in der Politik ruhiger geworden sein wird, von allen christlichen Religions-Gemeinschaften zum Zweck religiöser Besprechungen große Zusammenkünfte gehalten werden, zusammengesetzt nicht blos aus Geistlichen, sondern auch aus unbefangenen Männern des Volks, und zufolge dieser Zusammenkünfte und öffentlichen Besprechungen können wir es erleben, — oder wenn nicht wir, doch unsere Kinder, — daß die verschiedenen Religions-Gemeinschaften sich auch öffentlich und förmlich die Bruderhand der Duldung und allgemeinen Uebereinstimmung reichen.

Schließlich noch einige Worte über den Cultus oder die öffentliche Gottesverehrung. Hier entspricht zuerst die religiöse Feier eines besondern Tages, des Sonntags, ganz dem Vorhandensein eines besondern innern Sinnes der Gottesverehrung, der für seine Thätigkeit eine besondere Berücksichtigung mit Recht fordert. Hier, wie überall sonst, stimmt die Christusreligion mit der Religionslehre, wie sie die Phrenologie als die richtige erkennen läßt, auf bewunderungswürdige Weise überein. Doch würde man andrerseits irren, wenn man für den Sonntag, oder, wie sogar von einzelnen Religionsgesellschaften geschah, für immer und überhaupt den Scherz und die laute Freude als irreligiös verpönen wollte. Denn unter den Grundkräften des Geistes ist auch eine solche des Scherzes, der Fröhlichkeit nachgewiesen.

Was nun den religiösen Cultus selbst betrifft, so stützt sich
der römisch- und der griechisch-katholische vielleicht zu einseitig
auf die Sinne oder das Gefühl, der protestantische zu einseitig
auf den Verstand, auf die Predigt. Jedoch wenn man den oft
etwas kalten Gottesdienst der Protestanten betrachtet, so ist man
veranlaßt, dem Katholiken mehr beizustimmen, wenn er auf die
Erhabenheit, auf den Eindruck, auf die Schönheit seines Gottes-
dienstes stolz ist. Der Mensch besitzt die verschiedenen inneren
Sinne, den Kunstsinn, den Gestaltsinn, den Farbensinn, den
Schönheitssinn u. a.; alle diese Sinne dürfen und sollen zur
Erbauung, zur Andächtigkeit zu Hülfe genommen werden. Ich
selbst, wenn ich hier von mir sprechen darf, obgleich Protestant,
habe mich immer besser in einer katholischen, als in einer protestantischen Kirche erbauen können. Der richtige oder der Mittel-
weg ist deswegen hier etwas schwer zu finden, weil die Menschen selbst in ihren Gefühlen und Ansichten sehr verschieden sind.
Der phantasiereiche Südländer hat mehr den katholischen, der
kalt verständige Nordländer mehr den protestantischen Cultus.
Doch auch hier ist eine Vermittlung anzustreben.

Ich schließe mit den schon oben ausgesprochenen Worten,
die ich der Religion der wahren Christlichkeit und Duldsamkeit
zum Sinnspruch geben möchte: Gott ist in uns, suchen wir ihn
in uns auf; Gott spricht zu uns, lernen wir immer besser, auf
die rechte Weise zu ihm zu sprechen.

4.

Ich habe oben gesagt, die Zeichen der Zeit deuteten auf
eine Annäherung der Religionsparteien hin. Das Vorstehende ist im Jahre 1849 niedergeschrieben. Es könnte scheinen,
als ob seitdem Manches, z. B. der Kirchenstreit in Baden, (der
sich in der neuesten Zeit in einen Streit um das Concordat verwandelt hat), jener Ansicht widerspräche. Im Gegentheil, eben
dieser Streit zeigt sehr deutlich, daß unter der überwiegenden
Mehrzahl der Menschen ein innerer Religionsfriede, eine Annäherung in der Religion, schon wirklich besteht. Denn der
Streit ist als ein bloßer Kirchenstreit, was er ist, allgemein,

3

auch von den Katholiken, erkannt; auch die Katholiken unterscheiden mit Recht die Religion von der Kirche. Dies war
früher anders, da galt die Religion und die Kirche für Eins
und dasselbe: damals nämlich, als noch der Katholik den Protestanten, der Protestant den Katholiken der Religion wegen anfeindete. Diese Anfeindung hat jetzt fast ganz aufgehört. Wohl
gibt es noch immer Manche, sowohl Geistliche als Laien, welche
glauben, man dürfe, um wahrhaft religiös zu seyn, nicht unparteiisch seyn, man müsse auf der Seite einer Partei gegen
die andere streiten. Wie sonderbar, wie fast unbegreiflich ist
es, das wahre Wesen des Christenthums, der Religion der
Liebe, in dem Zwiespalt finden zu wollen! Haben nicht das
Religionsbekenntniß des Katholiken und das des Protestanten
etwas Gemeinsames unter sich? Ja, es ist das große
Wort Christi: Liebe Gott über Alles und deinen Nächststen wie dich selbst. Liegt es also dem Menschen — und
je höher er moralisch steht, desto mehr — nicht zwingend nahe,
dem schnöden Zwiespalt in der Religion zu entsagen und sich
zu diesem gemeinsamen Wesen, zu der Hauptsache der christlichen Religion zu bekennen? Und wie ist ein solcher Bekenner
des Wesens der christlichen Religion zu nennen? Doch gewiß
ein Christ, ein unparteiischer, gerechter, liebender Christ! Wenn
Christus jetzt auf die Erde zurückkehrte und auf die Schaaren
seiner Nachfolger hinblickend sähe, wie alle ihm die Nächsten
sein wollen, wie die Einen die Andern eifernd wegstoßen, so
würde er erhaben lächelnd sprechen: Ihr, meine Schüler, ihr
alle, wenn ihr den redlichen Willen habt, mir nachzufolgen und
durch mich das ewige Leben zu gewinnen, seid meinem Herzen
gleich nahe: denn ich schaue nur den Willen, nur das Herz an.
Aber es sind einige Schwache unter euch, schwach in meiner
Lehre: diese sind aus meinem Reiche darum nicht ausgeschlossen,
denn sie wissen nicht, was sie thun, ihr Mangel an Einsicht
wird ihnen nicht zugerechnet. Gedenkt ihr nicht, ihr schwachen
Schüler, daß ich euch den Glauben, die Liebe, die Hoffnung
gelehrt? Im Glauben und in der Hoffnung seid ihr stark, aber
die Liebe habt ihr nicht. Wer seinen Bruder deßwegen haßt

oder gering achtet, oder wer glaubt, daß ich ihn deßwegen haffe oder gering achte, weil er auf einem andern Wege mir nachfolgt, als er, der hat mich nicht verstanden. So lange die Liebe nicht zur gleichen Geltung in der Menschheit gelangt ist, wie der Glaube und die Hoffnung, so lange ist meine Lehre auf Erden nicht das geworden, was sie zu werden bestimmt ist: die allgemeine Religion. Denn sie soll nicht eine ausschließende, sondern eine einschließende Religion sein, sie soll alle Menschen, alle Völker, welche suchend nach Gott aufblicken, umfassen.

Ja, Christus hat eine einschließende Religion gegründet. Alle übrigen Religionen ohne Ausnahme waren und sind ausschließende: deßwegen steht über allen die christliche als die höchste, als die wahre Religion erhaben da. Wie war es nur möglich, dies so lange, fast zwei tausend Jahre, zu verkennen! Um so lange ist Christus seiner Zeit vorangegangen. Erst in unserem Jahrhundert ist diese große Wahrheit der Menschheit bewußt geworden oder fängt an ihr bewußt zu werden. Auch darum ist unsere Zeit eine so merkwürdige und so große, größer als wir wohl selbst ahnen. Man wirft unserer Zeit vor, sie sei eine irreligiöse, der Glaube sei der Menschheit verloren gegangen. Nein, die Menschen sind jetzt noch eben so religiös wie früher, sie haben nicht den Glauben, sondern nur die alte Form des Glaubens verloren, die Form der ausschließenden Kirche. Man spricht von der Gleichgiltigkeit der heutigen Welt in Religionssachen: auch diese Gleichgiltigkeit ist nur scheinbar, denn auch sie gilt nur der alten Form der Religion. Wenn heute die ausschließenden Religionen in einschließende sich verwandelten, sich die Bruderhand zur liebenden Vereinigung reichten, so würde eine religiöse Begeisterung durch die Welt gehen, wie die Geschichte sie noch nicht gesehen. Diese Begeisterung würde, weil alle Gemüthssinne des Menschen sich in ihr vereinigten, zugleich eine Begeisterung der ächten Menschlichkeit, der Sittlichkeit, des Friedens sein.

Allein wäre Solches möglich, wäre es ausführbar? möchten Viele fragen. Alles was nothwendig ist, ist möglich. Die

Religion ist dem Menschen von Gott in's Herz gelegt. Wenn
die Form dafür verloren gegangen, so muß sie der Mensch wieder suchen und finden. Es sind zwei Fälle denkbar: entweder
der Mensch kehrt wieder zur alten Form des Glaubens zurück,
oder aber, er schafft sich eine neue Form. Es gibt einige Leute,
welche das Zurückkehren der Menschheit zu jener alten verlornen
Glaubensform, zur Form der ausschließenden Religion, für
möglich halten. Allein diese Ansicht ist so gänzlich unhaltbar,
daß sie nicht erst widerlegt zu werden verdient. Wenn die Denkkraft einmal erwacht und erstarkt ist, so kann sie nicht mehr zur
Unthätigkeit zurückkehren; der denkende Mann kann nicht wieder
zum unmündigen Kind werden. Naturwissenschaft und Glaubenszwang, Weltverkehr und Verdammen Andersglaubender, — es
gibt keine größeren und unverträglicheren Gegensätze. Also bleibt
nur übrig, daß die Menschheit sich eine neue Glaubensform
schaffe, oder vielmehr, daß die neue Glaubensform, welche thatsächlich schon vorhanden ist, auch äußerlich in's Leben tritt.

Allein — so möchte weiter eingeworfen werden — gerade
weil der Mensch eine Form der Religion bedarf, so ist die
Idee einer einschließenden Religion unausführbar. Denn
diese wäre nichts anderes, als das Aufgeben jeder Form,
das Aufgeben des positiven Christenthums, an welchem
wir streng festhalten müssen. Hierauf ist die Antwort: Posi-
tives Christenthum ist zu deutsch: festgesetztes, bestimmtes
Christenthum. Wer aber vermöchte besser das Christenthum
festzusetzen und zu bestimmen, Christus selbst, der hohe Meister,
oder seine schwachen Schüler? Christus hat als Hauptinhalt
seiner Lehre das Wort aufgestellt: Liebe Gott über Alles und
deinen Nächsten wie dich selbst; als äußere Form der Vereinigung für seine Bekenner hat er die Taufe und das Abendmahl
bestimmt. Wie herrlich und einfach groß ist diese Form, eine
Form des Geistes und der Liebe, die wahre Form der einschließenden Religion, den verschiedensten Charakteren der Menschen und der Völker gleich angemessen. Christi schwache Schüler
haben diese große Form nicht begriffen und sie in kleinliche
Formen ausschließender Religions-Parteien verwandelt. Was

könnte hindern, daß die Menschen endlich zu der großen, von Christus selbst gegebenen Form, der der einschließenden Religion, zurückkehren?

Jedoch in der genannten Weise — so könnte ein anderer Zweifel lauten — würden auch die, welche Christus nicht für Gott selbst, sondern blos für einen Menschen halten, in die einschließende Religion aufzunehmen, als Christen anzuerkennen sein, wodurch die Heiligkeit des Christenthums verloren ginge. Die Antwort ist: Seit dem Anfang des Christenthums bis heute hat es immer eine bald kleinere bald größere Zahl unter den Christen gegeben, welche Christus nicht für Gott selbst, sondern für einen von Gott gesandten Menschen hielten. Diese beiden Ansichten sind in ihrer Verschiedenheit tief in der Natur des menschlichen Geistes begründet und deßwegen beide vollkommen berechtigt. Einigen Menschen, in welchen die Denkkraft die Gemüthswelt überragt, steht Christus als Beispiel und als Heiland höher, wenn er nur ein göttlicher Mensch, andern, in welchen die Gemüthswelt mächtiger ist, als die Denkkraft, steht er höher, wenn er Gott selbst ist. Heilig ist Christus beiden: den Einen durch die Göttlichkeit seiner Lehre, den Andern durch die Göttlichkeit seiner Person (und seiner Lehre.) Christus selbst, wie wir ihn im Evangelium kennen gelernt, würde — als möglich vorausgesetzt, daß er den Streitpunkt selbst unentschieden ließe — zu denjenigen seiner Schüler und Nachfolger, welche ihn blos für einen Menschen halten, sprechen: Ihr, meine Schüler, meine Lehre muß tief in euren Geist und euer Herz gedrungen sein, daß ihr sie, auch als von einem Menschen gegeben, für göttliche Wahrheit erkennt. Folgt mir ferner auf eurem Wege nach: ich liebe euch gleich wie meine übrigen Schüler. Die im Charakter so verschiedenen Menschen müssen auf verschiedenem Wege mir folgen und mich verehren: so will es der Vater und Schöpfer der Menschen.

Da jedoch — ein weiterer möglicher Einwurf — die monarchischen Herrschaften, wie überall so in Deutschland, nur dann in den Stürmen der Zeit feststehen, wenn sie in der Religion der Völker eine Stütze haben, so würde durch das Antasten der alten Form der Religion, d. i. durch die Umwandlung

der ausschließenden Religionen in einschließende die Festigkeit der
Monarchien gefährdet sein. Kaum verdient dieser Einwurf eine
Antwort. Wie kann das Verderbliche für heilsam, das Heil=
same für verderblich gehalten werden! Eben weil die Monar=
chien in der Religion der Völker eine Stütze haben sollen, und
eben weil diese Stütze jetzt in der abgestorbenen Form der
ausschließenden Religionen morsch geworden, so sollen die Mo=
narchien in einer neuen lebendigen Form der Religion eine neue
feste Stütze finden. Die Republik hat in Deutschland gewiß
fast keine Anhänger: denn die Menschen sind im Ganzen, wie
geborene Religionsfreunde, so geborene Monarchisten. Und dennoch
ist das Verhältniß der Unterthanen zu den Herrschern nicht so
wie es sein sollte und wie es früher war: die alte Herzlichkeit,
die Zutraulichkeit und Gemüthlichkeit ist nicht mehr. Dies liegt
nicht, wie man wohl geglaubt hat, an den Menschen; diese
haben sich nicht verändert, sie sind jetzt, oder könnten jetzt noch
ganz so herzlich und gemüthlich sein wie früher. Noch weniger
liegt es an den Herrschern: denn die Völker werden im Ganzen
jetzt viel besser als früher regiert. Der Grund ist vielmehr der,
daß der tief gemüthliche Deutsche das religiöse Gefühl und die
Liebe zu seinem Fürsten nicht von einander trennt. (Beide wur=
zeln in derselben Grundkraft des Gemüths!) Wie die Glorie
der Religion in ihrer alten Form erbleicht ist, so hat die Herrscher=
majestät ihren alten Zauber auf das Gemüth verloren. So=
bald aber die Religion wieder in neuem lebendigen Lichte er=
strahlt, so wird die volle und ganze Liebe der Deutschen zu
ihren Monarchen in die Herzen zurückkehren.

Von den mancherlei Einwürfen, welche noch weiter gegen
das Inslebentreten einer einschließenden Religion erhoben werden
könnten, hier noch einen letzten. Sollten auch — so möchten
Viele meinen — der Protestantismus und seine einzelnen Par=
teien zu einer einschließenden Religion vielleicht sich umgestalten
können, so ist dies doch von der (römisch=) katholischen Kirche
nicht denkbar; denn diese steht in allen ihren Lehren und Ein=
richtungen unabänderlich fest, ist auf die Ewigkeit gegründet: die
einschließende Religion würde daher an dieser Kirche einen be=

ständigen Feind und ein mächtiges Hinderniß ihrer Verbreitung
finden. Allein diese Behauptung ist schon ·in der Voraussetzung,
von welcher sie ausgeht, eine irrige. Die katholische Kirche ist
ihrem Wesen nach keineswegs unveränderlich. So wie verschiedene einzelne Glaubenslehren und äußere Einrichtungen nach und
nach im Verlaufe der Jahrhunderte, weil als zweckmäßig erkannt, von der Kirche angenommen und eingeführt wurden,
so kann auch im Verlaufe der Zeit das, was als nicht mehr
zweckmäßig erkannt ist, von der Kirche abgelegt und verlassen
werden. So wie man z. B. jetzt in der katholischen Kirche
sagt: die Menschen haben damals geirrt, als sie Andersglaubende (Ketzer) verbrannt haben, so wird man auch einst
in dieser Kirche sagen: die Menschen haben damals (heutzutage)
geirrt, als sie Andersglaubende verdammt haben. Die ganze
ehemalige Größe und der Glanz der katholischen Kirche beruhte
ja darauf, daß diese nicht unveränderlich, sondern zeitgemäß
war, sich den Bedürfnissen der Menschheit anschloß. Und der
Segen, den dadurch die katholische Kirche der Menschheit brachte,
war unendlich groß. Sie war viele Jahrhunderte lang eine
treffliche Erziehungs- und Heilsanstalt für die europäische Menschheit in ihrer Kindheit. Allein wie die Menschen nicht Kinder
bleiben, so auch nicht die Völker. Die Menschheit wuchs heran
und wollte ein Mann werden. [Das sechzehnte Jahrhundert
kann mit dem sechzehnten Menschenjahre verglichen werden.]*)

---

*) „Die ersten Jahrhunderte der europäischen Menschheit gleichen den
ersten Kindheitsjahren des Menschen. Kindischer Sinn, kindisches Hadern
und Streiten. Allmählig, im sechsten, siebenten, achten Lebensjahr (Jahrhundert) beginnt die Verstandesbildung, das Kind besucht die Schule, lernt
lesen und schreiben, erhält den ersten Religionsunterricht. (Karl der
Große, Christenthum.) Zugleich gesteigerte Kraft, Muthwille, Fehde und
Kampf. Der herrliche Knabe glüht, er zeigt schon in seinen Spielen, wie
tüchtig der Mann sein wird. (Ritterthum, Kampfspiele.) Er faßt Ideen,
für die er kämpft. (Kreuzzüge.) Dabei die Schwärmerei der ersten Jugend-
liebe. (Minnesänger.) Bald erwacht zum Gemüthe auch die Denkkraft.
Wie groß ist die Welt? Was ist hinter den Bergen? Der kühne Knabe
träumt nicht blos hiervon, er schaut selbst zu. (Amerika.) Er liest. (Buch-
druckerkunst.) Er soll von seinem religiösen Glauben Rechenschaft geben,
confirmirt werden. (Zeit der Reformation.) Bald, bei mehr und mehr

Zu ihrem großen Unglück verstand die Kirche diese natürliche
Entwicklung nicht. Während sie früher mit der kindlichen
Entwicklung des Menschengeschlechtes Hand in Hand gegangen
war, das Gemüth und die Phantasie des Kindes durch Unterricht und Erziehung hegend und pflegend, so beachtete sie nicht
oder wollte nicht die männliche Entwicklung, das Erwachen des
Selbstgefühls und der Denkkraft beachten. Sie glaubte in dem
werdenden Manne noch immmer das unmündige Kind zu erblicken. So verließ sie leider den Grundsatz, welcher sie zu ihrem
Glanze erhoben, den des Anschließens an die Zeitbedürfnisse.
Sogar die Kirchenversammlungen, auf welchen, von Anbeginn
der Kirche an, deren Angelegenheiten besprochen und zeitgemäß
geordnet worden waren, wurden nicht mehr abgehalten: kurz,
es trat ein völliger Stillstand in der Entwicklung der Kirche
ein, dieselbe schloß sich gänzlich von der Zeit ab. Die Größe
des Unglücks, welches hieraus für die Kirche erwuchs, entsprach
der Größe des begangenen Fehlers. Ein furchtbarer Riß spal-
tete die Menschheit, deren einer Theil sich von der Kirche trennte
und bis heute von ihr getrennt geblieben ist. Die große Frage
ist jetzt, ob die katholische Kirche nicht zu ihrem früheren Charakter der zeitgemäßen Entwicklung und des Anschließens an die
Bedürfnisse der Menschheit zurückkehren kann. Warum nicht?

---

erwachender Denkkraft, religiöser Zweifel, innerer Zwiespalt. (Religions-
kriege.) Die Sinnlichkeit erwacht und zugleich tritt die Denkkraft immer
kecker auf: Frivolität und Philosophie in seltsamem Gemisch. (Achtzehntes
Jahrhundert.) Der Zustand ist ein krankhafter: ein heftiges Fieber bricht
aus, durch welches die kräftige Natur des Jünglings die kranken Säfte
läutert. Er genest langsam, aber er ist in seiner Krankheit und durch sie
zum Manne geworden. An die Stelle knabenhafter Rauflust, jugendlicher
Schwärmerei ist die ruhige Vernunft, an die Stelle des Krieges ist der
Friede getreten. Nicht zwar ein innerer, träger Friede, im Gegentheil, der
Mann strebt und eifert, er liebt und haßt, er kämpft mit den Waffen des
Geistes für seine Ueberzeugungen. Aber dieser geistige Kampf bleibt in
den Schranken der Sitte; er stört nicht, sondern er fördert das sich ent-
wickelnde Leben, die Berufsthätigkeit, den geistigen und materiellen Er-
werb. Die mannigfaltigsten Erfindungen und Entdeckungen, der allge-
meinste gesellige Verkehr bereichern und verschönern das vielseitige große
Leben." (Eine phrenologische Vergleichung der europäischen Völker. 1854.)

Was nothwendig ist, ist auch möglich. Das Wie ist un-
gewiß und gleichgiltig. Es könnten z. B. wieder Kirchenversammlungen zur Besprechung der Kirchenangelegenheiten nothwendig werden. Damit schon allein wäre der ganze Schritt zur
zeitgemäßen Entwicklung der Kirche gethan — zum unendlichen
Segen für diese. Denn sie würde, weil wieder eine zeitgemäße,
zu ihrem vollen ehemaligen, nur desto geistigeren und heiligeren
Glanze sich erheben. Die äußere Verfassung der Kirche würde die
monarchische bleiben, als die am besten der menschlichen Geistes- und
Gemüthsbeschaffenheit entsprechende. Aber wie ein menschlicher
Stellvertreter Christi ehemals nicht allein stand, sondern die
Kirchenversammlungen zu seiner Seite hatte, so wieder jetzt. In
allen Anordnungen der Kirche würde Christi erkannter Geist der
Liebe und des Friedens walten. Allen Menschen und Völkern
ohne Ausnahme, welche sich Christen nennen und Christus als
ihren Heiland erkennen, würde die Kirche in Christi Namen
die liebende Hand zum Friedensbund reichen. (Nichtchristen hätten
dann keinen Grund mehr, nicht Christen zu werden.) Die sämmtlichen protestantischen Kirchen und Sekten, in ihrer Zerrissenheit
nach der Einheit sich zurücksehnend, würden sich der katholischen
Kirche mit Beibehaltung ihrer Selbstständigkeit einordnen, Antheil
nehmend an den Berathungen allgemeiner Kirchenversammlungen des großen Christenbundes. So würde also Jemand
guter Protestant und guter Katholik zugleich sein können, wie er
guter Badenser oder Preuße und guter Deutscher zugleich ist.
Das Unglück, welches Glaubenshaß und Glaubensfeindschaft so
lange der Menschheit gebracht, ein Unglück, welches Viele für
nothwendig, für ewig halten! würde durch diesen Bund gänzlich verschwinden. Ebenso ein anderes großes Uebel unserer
Zeit, die religiöse Gleichgiltigkeit so vieler Menschen. Sie haben
die alte Form der (ausschließenden) Religion verloren und, weil
es eine neue Form, einen neuen Halt für sie, noch nicht gibt,
so sind sie ohne Religion. Diese Gleichgiltigkeit würde in der
großen und erhebenden Form eines die ganze Menschheit um-
fassenden Christen-Bundes ihre vollständige Umwandlung zum
Besseren finden. Ja die Religion würde dadurch in allen

Menschen an wahrem innern Werth mächtig gewinnen: sie würde nicht mehr, wie oft bisher, ein Stückwerk im Menschen sein, im Zwiespalt mit Herz und Verstand, sondern sie würde, durch den Bund gehoben und verklärt, den ganzen Menschen erfassen und erfüllen, sie würde, was sie soll, die Seele und das Glück und der Friede des Menschen sein. So wird der christliche Bund als geistiger Friedensbund auch politisch höchst wichtige und segensreiche Folgen haben, z. B. für Deutschland wegen der Trennung der christlichen Bekenntnisse, für Italien wegen des üblen Zustandes der Religion selbst.*)

---

*) Ein christlicher Bund, so wurde eingeworfen, widerspreche dem Geiste des Papstthums. So wie dieses bei der ersten Reformation dem Sturme nicht nachgegeben, so werde es auch jetzt einer andrängenden zweiten Reformation gegenüber dies nicht thun. Allein das Papstthum wird in seiner Weisheit das wahre Mittel, seine Feinde zu besiegen und zugleich das früher Verlorene wieder zu gewinnen, nicht verkennen. Man hört sagen, das Papstthum habe schon größere Gefahren, als die jetzige ist, besiegt. Ein gefährlicher Irrthum! Die jemals größte Gefahr, die zur Zeit der ersten Reformation, war weit nicht so groß, als die heutige, und das Papstthum hat sie nur halb überwunden. Welche Schwierigkeiten im Innern und nach Außen, in Italien, Frankreich, Deutschland! Verfassung, Gewissensfreiheit geht durch die Welt, durch die Völker. Könnte der Kirchenstaat sich dieser Forderung entziehen? Die französische Schrift: „Der Papst und der Congreß" ist ein schwerer Angriff auf das Papstthum. Die Stimmen und Schritte von deutschen Katholiken gegen das Concordat — welche Zeichen der Zeit! Alle diese Gefahren und Feinde sind auf einmal besiegt, sobald die katholische Kirche mit den übrigen Christen in einen Friedensbund tritt. Man wirft ein, der Papst als unfehlbar könne in gar Nichts dem Andrängen der Zeit nachgeben. Allein etwas muß geschehen, und halbe Maßregeln in einer so großen Zeit, eine halbe Hilfe gegen den immer mächtiger anstürmenden Zeitgeist sind ganz werthlos. Es gibt aber eine Vermittlung zwischen dem Gebot der Zeit und der Unfehlbarkeit des Papstes: diese Vermittlung ist zugleich die ganze Hilfe selbst: es sind die Kirchenversammlungen. Nicht der Papst, sondern die Kirche ist unfehlbar, d. h. der Papst und die Kirchenversammlungen. Sobald sich die Kirche durch die Kirchenversammlungen wieder der Zeit anschließt, so ist alles Nöthige geschehen. Es bedarf — wohlverstanden! — nicht schneller Aenderungen irgend welcher Art, am wenigsten in der Glaubenslehre. Der Glaube der Kirche bliebe durch den Friedens-Bund gänzlich unberührt. Der Zweck desselben wäre nur allein die Bethät-

Das Vorstehende (ursprünglich ein Vortrag, gehalten am
20. Dezember 1853 im Museum zu Karlsruhe, aus Veran-
lassung des badischen Kirchenstreites) wurde in dem Sinne aufgenommen, in welchem es gegeben wurde. Man erkannte die
Darstellung für eine durchaus unparteiische an, auch insofern
für eine neue, als eine wirkliche Versöhnung der bisher für
schlechthin unversöhnlich gehaltenen Gegensätze in Aussicht ge-
stellt ist. Mehrfach jedoch wurde gemeint, der ausgesprochene
Gedanke sei nicht praktisch, da eine baldige Versöhnung der
Parteien in jenem Sinne nicht wahrscheinlich sei; die Menschen seien einmal seit Jahrtausenden gewöhnt, sich der Religion wegen anzufeinden, und diese Gewohnheit, so unverständig und unmoralisch sie sei, werde voraussichtlich nicht
abgelegt werden. Allein die alte Gewohnheit der religiösen
Anfeindung ist ja bereits abgelegt, und es gilt nur
noch, die in morschen Resten übrig gebliebene alte Form der
Anfeindung zu überwinden. Wohl könnte auch dies schwierig
genug zu sein scheinen, da die Form überhaupt in den menschlichen Dingen eine große Rolle spielt. Allein diese Schwierig-
keit wird bedeutend verringert durch die gewonnene Kenntniß der richtigen neuen Form, welche an die Stelle
der alten treten wird. Diese neue Form nun ist außer
durch den Geist unserer Zeit, durch die Phrenologie, als natur-
wissenschaftliche Geisteslehre, vorgezeichnet. Und wenn neue Ent-

igung christlicher Liebe und Duldung unter Andersgläubenden. Weil der
Bund ohne sein Haupt, den Papst, nicht lebensfähig wäre, so müßten alle
Rücksichten auf dessen Billigung genommen werden. Auch in allen übrigen
Einrichtungen sollen sogar die Kirchenversammlungen in möglichst con-
servativem Geiste vorgehen. Die Entwicklung der Menschheit kennt und
bedarf niemals Ueberstürzungen. Es kann daher fast Alles bleiben, wie
es ist. Nur Eines — in dem Wehen unsrer Zeit die Gottesstimme! —
Liebe und Friede und Versöhnung mit Andersgläubenden, ist
in Wort und That zu bekennen und zu bekunden. — Die Schrift: der
Papst und der Congreß, ist eine kriegerische: ihr gegenüber will und wird
die vorliegende als eine friedliche erkannt werden. Der Verfasser, ein
Protestant, welcher Katholik zu werden wünscht, während er Protestant
bleibt, wagt es, dieselbe dem sichtbaren Oberhaupt der Christenheit in tief-
ster Verehrung zu Füßen zu legen. (München, 18. März 1860.)

deckungen in den Gesetzen der Körperwelt, wenn Maschinen und
Eisenbahnen die Welt umgestaltet haben, sollte nicht die welt
wichtigere Entdeckung der wahren menschlichen Geistesnatur, wenn
sie allgemein gekannt sein wird, noch wichtigere und segens-
reichere Folgen haben können?*) Schon seit den wenigen Jahren, daß die Phrenologie in Deutschland bekannt zu werden
beginnt, sind Spuren dieser ihrer großen Wirksamkeit zu Tag
getreten. Ich weise mit einigen Worten auf zwei kleine Schriften
phrenologisch-religiösen Inhalts hin.

Die eine ist: Theologische Zeitfragen, beantwortet von
Dr. Karl Schmidt (Köthen 1853). Der Verfasser fragt: Was
ist's gegenwärtig und was wird's mit der protestantischen Theologie? (Einleitungsrede, gehalten vor der allgemeinen Köthenschen Predigerversammlung, Juni 1853). Er antwortet: Krieg ist's — und Friede muß es werden.

Krieg ist's. Der Verfasser zeigt, wie die (protestantische)
Theologie nach allen Seiten hin mit den übrigen Wissenschaften
im Kriege liegt, zuerst mit der Philosophie, dann mit den Naturwissenschaften, z. B. der Astronomie. Der Himmel mit seinen
Wundern, wie wir ihn jetzt kennen, ist ein ganz anderer, als
der, den die Bibel zu kennen schien. Aehnliches gilt von der
Geologie, der Physik, der Chemie 2c. Nicht minder heftig wird
der Krieg, ein Bürgerkrieg, im Lager der Theologie selbst geführt, da kämpfen der Rationalismus und der Supranaturalismus, d. i. die Denkkraft und das Gefühl, einen unnatürlichen
und unvernünftigen Kampf. Die Zeit Friedrichs des Großen war
die Zeit der Freigeisterei, und es war Mode für jeden Edelmann,
ein Freigeist zu heißen. Bald darauf galt das Wöllner'sche
Edikt. — Die Lichtfreundschaft erschien in der Neuzeit, und als
sie Alles in der Religion zu Verstand gemacht hatte, da mußte
der Supranaturalismus gegen den einseitigen Rationalismus
auftreten, die Epidemie der Orthodoxie trat ihre Herrschaft an.
Daraus aber schließen zu wollen, daß der Supranaturalismus

---

*) Siehe auch den Abschnit „Phrenologie und Erziehung" in den
„Phrenologischen Bildern", auf welchen ich den Leser als auf eine vielseitige Ergänzung des vorliegenden Schriftchens zu verweisen mir erlaube.

einen endlichen Sieg über den Rationalismus erfochten, wäre
eben so falsch, als wenn man in der Uhlichperiode gefolgert
hätte, daß es mit dem Supranaturalismus zu Ende sei. Dieser
unvernünftige Krieg, dieser Wechsel von Revolution und Gegen-
revolution muß ein Ende finden.

Und Friede muß es werden. Die Gewißheit des
endlichen Friedensschlusses beruht auf der endlich gewonnenen Kenntniß und Anerkenntniß der Gleichberech-
tigung der kämpfenden Mächte. Denn der Rationalismus und der Supranaturalismus, der Verstand und das Gemüth, sind gleich stark und gleich ewig, also gleich berechtigt,
denn sie sind die beiden Hälften eines Ganzen. Diese
Wahrheit wird bewiesen einerseits durch die Entstehungsgeschichte
der christlichen Glaubenslehren (Dogmen), andererseits durch die
Naturlehre des menschlichen Geistes, die Phrenologie. Der Verfasser zeigt, eingehend auf die einzelnen Glaubenslehren, wie
vom Beginn des Christenthums an bis auf die neueste Zeit
den unzähligen theologischen Streitigkeiten der ungelöste Zwiespalt zwischen Verstand und Gemüth zuletzt zum Grunde gelegen.
Noch weit gründlicheren Aufschluß über dieselbe Wahrheit gibt
die Phrenologie. Der menschliche Geist ist ein Organismus,
bestehend aus verschiedenen zur Einheit verbundenen (Verstandes-,
Gefühls- ꝛc.) Kräften, welche bei den einzelnen Menschen in
verschiedener Stärke vorhanden sind. „Der eine Mensch
zeichnet sich schon in seiner Kindheit durch Neigung zur Natur-
kunde oder zu mechanischen Wissenschaften und Künsten aus, der
andere sucht Alles, was er sieht, unter das Gesetz von Ursache
und Wirkung zu bringen; der Eine treibt sich unaufhörlich auf
dem Thatenschauplatze herum, der Andere hat seine Lust in der
engen Zelle des Denkers. Der Eine ist ein echt sittlicher Mensch,
aber ein Zweifler, der Welt und Gottheit leugnet, der Andere
ist voll von Religion, voll Ehrfurcht gegen das Heilige und
Unsichtbare, während er alle Verstandesbeweise von sich weist.
In die Tiefen einer Beethoven'schen Symfonie hinabzusteigen
oder in die Höhen Goethe'scher Poesie hinauf, ist nur dem dafür
Begabten möglich: wem der Sinn dafür fehlt, der findet in

der Symfonie nur Geklimper und bei Goethe nur Reimerei." Daher die unendlichen Mißverständnisse in Leben und Wissenschaft, hauptsächlich auch in der Religion. Da können Gefühlsmenschen die nüchternen Beweise des Verstandesmenschen nicht begreifen, und Verstandesmenschen verstehen Gefühlsmenschen nicht, weil sie die Gefühle, die diese haben, niemals empfanden. Und wie bei Einzelnen, so bei ganzen Völkern. Der Verfasser zeigt des Näheren, wie das Judenthum, das Heidenthum, im Christenthum die römische, die griechische, die protestantische Kirche in den verschiedenen Charakteren der betreffenden Völker ihre volle Erklärung finden.

So lange nun diese große Wahrheit, daß die verschiedene Auffassung der Religion in den Anlagen und Charakteren des Einzelnen ihre Bedingung hat, nicht erkannt ist, so lange hält Jeder seine Ansicht für die unbedingt und einzig wahre; er haßt oder verachtet jede andere Ansicht, weil er sie nicht versteht, weil er nicht weiß, daß der Schöpfer selbst, indem er anderen Menschen andere Geisteskräfte und Charaktere gegeben, eine Verschiedenheit der religiösen Ansichten gewollt hat. Mit dieser gewonnenen Einsicht ist also endlich in der religiösen Welt des Menschen die Sonne der Erkenntniß aufgegangen. Nicht nur wird durch sie der Glaubenszwang vernichtet und die Freiheit der religiösen Ueberzeugung an dessen Stelle gesetzt, — schon darum, weil erkannt ist, daß der Mensch, dem ein religiöser Glaube gegen seinen Charakter aufgezwungen würde, zum Heuchler werden müßte, — sondern die bisherigen Parteien gewinnen auch selbst die Erkenntniß ihrer Einseitigkeit und kehren davon zurück. Der Rationalismus (der Verstand) erkennt, daß er des Supranaturalismus (des Gemüths), der Supranaturalismus erkennt, daß er des Rationalismus zu seiner Ergänzung bedarf. So findet sich die Einseitigkeit der Parteien zur Harmonie zusammen, der Kampf wird zum Wetteifer, der Haß zur Liebe, — die beiden Hälften werden ein Ganzes.

„Herrliche Zeit, wo nicht mehr Denken oder Glaube, Autonomie oder Autorität, Freiheit oder Abhängigkeit, sondern sowohl Denken als Glaube, sowohl Autonomie als Autorität, sowohl Freiheit als Abhängigkeit das Feldgeschrei, und Duldung und Liebe als Panier der Wissenschaft und Theologie erhoben sein wird — wann wirst du kommen? — Wir stehen an ihrem Vorabend. Lessing und Herder waren die Geweihten des neuen Geistes und Schleiermacher war sein großer Prophet. Die Hitze der Parteifieber zeigt, daß die Krisen nahe sind. Ueberall brechen Merkmale hervor, die zeugen, daß die Zeit bald erfüllet ist: „Die Blinden sehen, die Lahmen gehen, die Aussätzigen werden rein, die Tauben hören, die Todten stehen auf, den Armen wird das Evangelium geprebigt." Wahr, auch mit der Erklärung, die der große Schleiermacher dazu gegeben. Wann erkennen wir das Kommen einer neuen Zeit? fragt er, und antwortet: „Wenn lang genährte Vorurtheile endlich zu schwinden anfangen — die Blinden sehen. Wenn gelähmte Kräfte sich neu beleben — die Lahmen gehen. Wenn das sittliche Verderben erkannt und tief empfunden wird — die Aussätzigen werden rein. Wenn tausend Mal verkündigte, aber immer überhörte Wahrheiten endlich Eingang finden — die Tauben hören. Wenn das Veraltete und Abgestorbene einem neuen frischen Leben Platz macht — die Todten stehen auf. Wenn die ewigen Rechte des Menschen in jedem Menschen, auch dem ärmsten erkannt und geehrt werden, und so eine Kraft von unten nach oben, das ganze Volk begeisternd, durchdringt — den Armen wird das Evangelium geprebigt." — Ob wir noch in das volle Licht des neuen Geistes hineinschauen werden? das weiß ich nicht. Der Geist der Vorsehung, wie er sich in der Weltgeschichte darlegt, rechnet und zählt nicht mit Menschenjahren, sondern mit Menschenaltern und Jahrhunderten. Daß der neue Geist aber kommt, das ist dem ruhigen Beobachter so gewiß, als es Huß gewiß war, daß, obschon und dieweil die Gans gebraten ward, kommen werde der Schwan, den sie sollen ungebraten la'n."

Die zweite der gebachten Schriften ist: Die Phrenologie oder Geisteslehre, ein sicherer Beweis für Christi unübertreffliche Lehren unbegrenzter Menschenliebe. Von einem ihrer Verehrer. (Breslau 1852). Hier im Auszuge der Inhalt des kleinen Schriftchens.

„Obwohl die Phrenologie die Hauptstreitfragen fast aller
Zeiten, namentlich der Gegenwart, zu einer nicht minder gründ-
lichen als heilsamen Entscheidung zu führen befähigt ist, so hat
sie sich noch immer keiner allgemeinen Anerkennung zu erfreuen.
Dies ist offenbar durch die Meinung verschuldet, als höre nach
der Phrenologie, weil sie die Verschiedenheit der geistigen Gaben
als eine angeborene nachweist, der Mensch auf, ein willensfreies
Wesen zu seyn, als sinke er mit ihr zu einer mechanisch bewegten
Marionette seiner angeborenen Organe herab.

Wie alle Vorurtheile oft den Wald vor Bäumen nicht
sehen, so ist es leider auch hier. Bei allen irgend vorurtheils-
freien Geistern ist es eine längst anerkannte Wahrheit, daß die
Menschen mit sehr verschiedenen geistigen Anlagen geboren werden.
Die Phrenologie nun thut nichts weiter, als daß sie den phy-
sischen Zusammenhang dieser weisen Einrichtung Gottes, ohne
welche das geistige Leben der Menschen eintönig hinsiechen würde,
im Einzelnen nachweist. Christus, der ein wahrhaftiger Heiland
und Erlöser aller Menschen sein könnte, wollten wir ihm alle
endlich glauben, ihm nachfolgen, wies nachdrücklich auf die Verschiedenheit des Pfundes hin, das die Menschen von Gott em-
pfangen, um damit, je nach dessen Größe, zu wuchern.

Die Phrenologie zeigt tröstend, wie auch schwache Gaben
durch eine weise Erziehung, so wie durch eigene Anstrengung
und Willenskraft verbessert werden können, und wie es blos
darauf ankommt, daß ein jeder Mensch rechtzeitig und richtig
das ihm von Gott verliehene Pfund erkennt und mit diesem zu
wuchern nicht säumt, statt vielleicht mit Vernachläßigung dieses
wahren Pfundes Anlagen erzwingen zu wollen, welche die all-
liebende Mutter Natur ihm vorzuenthalten für gut befunden
hat. Nicht immer bekanntlich ist die hohe Begabung zum Glück
führend. Wie Viele erschlafft sie zu träger Bequemlichkeit, statt
sie zu gewissenhafter Thätigkeit anzuspornen, wie Viele Andere
veranlaßt sie zu liebloser Ueberhebung gegen weniger Begabte.
Dagegen wie oft sieht man diese letzteren an der nur klein empfangenen Naturgabe ihre Willenskraft und Pflichttreue stärken,
sieht sie ein Segen der Menschheit werden.

Indem die Phrenologie nachweist, daß sowohl jede geistige und sittliche Großthat als jede solche Schwäche in der Regel auf dem Eckſteine angeborner Naturanlagen ruht, so wehrt dies nicht minder ſicher den zu Dünkel und Ueberhebung führenden Cultus des Genies ab, als die zur Lieblosigkeit führende Verachtung des Schwächlings und Uebelthäters. Der hochbegabte Menſch kann nicht ferner in seinem reichen Pfunde ein Verdienſt, wohl aber den Aufruf erkennen, zum Beſten der Brüder hoch zu wuchern mit dem empfangenen hohen Pfunde. Der Schwache, Fallende oder Gefallene aber, er wird der erbarmenden Liebe und Aufrichtung, wie Chriſtus ſie geboten, nicht länger entbehren.

Wenn der Erzieher frühzeitig mit Sicherheit erkennt, welche geiſtigen Organe den Beruf und somit das Glück seines Zöglings bedingen und welche dagegen in ihm wenig verſprechend ſind, wie werden ſie rasch verſchwinden, diese Millionen von Mißgriffen, welche Elend über Elend verbreiten, indem ſie die zu Erziehenden auf falsche Fährte leiten, ſie auf Berufe ohne Beruf führen! Wie vermag der Mutter Liebe am Stumpfſinn eines guten Kindes zu erkalten, wo die Phrenologie ihr nicht minder die Unſchuld des Kindes nachweist, als die Mittel zur weiſen Hebung oder Mäßigung des Uebels. Und der geiſtlose Mißbrauch in den Schulen, wonach noch immer ſelbſt geiſtreiche Lehrer den leichten Erfolgen des reichbegabten Kindes den Lorbeer reichen, für die geringen Erfolge des fleißigen Schwächlings ſehr oft nur Verachtung und Bitterkeit haben, auch dieſer liebloſe Mißgriff kann den poſitiven Beweiſen der Phrenologie unmöglich lange Widerſtand leiſten.

Das Haupttheil des Menschen, die Veredlung seines Gemüths, die Hoffnung auf ein ewiges Leben, welchen unendlichen Fortſchritt bietet ihm die Phrenologie! Kommt der grübelnde Verſtand genialer Geiſter zu der Ueberzeugung, für die Unſterblichkeit der Seele ſei keinerlei Beweis zu finden, ja der perſönliche Gott könne nicht länger geglaubt werden, so antwortet ihm die Phrenologie, dieſe Ueberzeugung ſei, vom Standpunkte des nüchternen Verſtandes aus, im vollkommenſten Rechte, weil

4

eben dieſer zum Erfaſſen von Gott und Unſterblichkeit durchaus
unbefähigt ſei, wohl aber ſeien andere Geiſtesorgane hierzu berufen, welche ſelbſt dem einfältigen Kinde den unumſtößlichen
Glauben an Gott und ein geiſtiges Fortleben nach dem Tode
offenbaren, Organe, welche das edelſte und höchſte Glied in
der Kette des geiſtigen Organismus ſeien!

Da nur das harmoniſche Zuſammenwirken möglichſt aller
Geiſtesorgane die vollendete Ausbildung des Geiſtes gibt, ſo
bedarf auch die Gotteserkenntniß zu ihrer vollendeten Läuterung
der harmoniſchen Mitwirkung der übrigen geiſtigen Organe.
Die Gotteserkenntniß muß ſich hiernach nothwendig eben ſo
mannigfaltig und verſchieden geſtalten, als jenes Zuſammenwirken aller Geiſtesorgane ein mannigfaltiges und verſchiedenes
iſt. Welch reicher Schatz wahrhaftigſter, gründlichſter Duldſam-
keit iſt hier gegeben. Die Verſchiedenheit der Gotteserkenntniß
iſt alſo nicht allein erlaubt, ſie iſt von Gottes Weisheit gewollt, geboten!

Wohl iſt eine Wiſſenſchaft denkbar, welche ſich die Gotteserkenntniß zur alleinigen Aufgabe geſtellt hat, jedoch ein wahrhaft erſchöpfender Einfluß oder Erfolg dieſer Wiſſenſchaft — der
Theologie — iſt nach der Phrenologie nur dann möglich, wenn
ſie Hand in Hand mit den Ergebniſſen aller andern Geiſtesorgane, d. h. mit allen übrigen Wiſſenſchaften geht. Sonſt
verfällt ſie unvermeidlich der Einſeitigkeit und Unvollſtändigkeit,
wogegen den Gottes- und Glaubenslehren, durch den raſtloſen
Fortſchritt der übrigen Wiſſenſchaften, ein unabſehbares Feld der
Läuterung und Veredlung gegeben iſt.

Alſo ein gründliches Heilmittel gegen alle Leiden geiſtiger
Menſchheit könnte die Phrenologie werden. Unter ihrem Panier
könnte, trotz der entzückendſten Mannigfaltigkeit der Geiſter,
wahre Eintracht aller Menſchen ſich entwickeln; unter ihrem
Verſöhnungsrufe der Liebe und Nachſicht könnte, trotz der reich-
ſten Verſchiedenheit der Glaubensüberzeugungen, e i n Hirt und
e i n e Heerde a l l e Menſchen unſeres kleinen Planeten um-
ſchließen..."

Ueber das Vorstehende (in den „Phrenologischen Bildern" aufgenommen) sind mir viele Urtheile von Katholiken und Protestanten, Orthodoxen und Rationalisten bekannt geworden. So verschieden dieselben über einzelne unwesentliche Punkte lauteten, so stimmten doch alle ohne Ausnahme über das Wesentliche überein, d. i. über die Wahrheit der phrenologischen Grundansicht, wie sie schon der Kirchenvater Augustin in den Worten des Motto niedergelegt, ebenso darüber, daß bei der Verschiedenheit der menschlichen Charaktere eine Einheit der religiösen Ansichten unmöglich ist, daß aber troß dieser nothwendigen Verschiedenheit eine religiöse Absonderung oder Abneigung, wie früher, heutzutage bei der überwiegenden Mehrzahl der Menschen nicht mehr besteht. Dieser thatsächlichen Annäherung der verschiedenen christlichen Religionsgemeinschaften fehlt noch die Form. Sollte es nicht jetzt an der Zeit seyn, ihr diese zu geben? — Noch ein Wort über ein Mißverständniß.

Die Annahme eines über der Natur stehenden selbstbewußten, gleichsam persönlichen Gottes wurde von einer Seite unwissenschaftlich genannt. Diese Annahme, wurde gemeint, werde z. B. schon durch die Astronomie auf ihrem heutigen Standpunkt widerlegt. Diese Wissenschaft beweise uns die Unendlichkeit der Welt, wir dächten jetzt diese nicht mehr bloß, sondern wüßten sie thatsächlich, sähen sie vor Augen, indem in dieser Unendlichkeit unsere Erde nur gleich einem Sandkorn oder Sonnenstäubchen erscheine. Die Unendlichkeit schließe aber ihrem Wesen nach die Selbstbewußtheit oder Persönlichkeit aus. Dieser Einwurf beruht auf einem Mißverstehen der von mir gebrauchten Worte. Die Idee Gottes ist eine so ungeheure, dem menschlichen Verstand so unfaßbare, daß wir nicht wagen dürfen, Gott in irgend welcher seiner Eigenschaften zu begreifen: wir müssen hier unsere Denkkraft (unser Vergleichen und unser Schließen, s. S. 17) als gänzlich unzulänglich erkennen. Wenn wir daher von Gottes „Selbstbewußtheit" oder „Persönlichkeit" sprechen, so sind dies nur Worte, welche wir für einen schlechthin unbekannten Begriff gebrauchen. Wir haben in uns das Gefühl der Gottesverehrung, wir erheben durch dasselbe unser Herz zu Gott; wir

können zur nichtselbstbewußten, uns nicht verstehenden Natur, wie
wir sie durch unsere Verstandeskräfte kennen, unser
Herz nicht erheben. Wir müssen daher über oder außer oder
in der Natur ein unserem Gefühl der Gottesverehrung
entsprechendes Unbekanntes, auch Unnennbares erkennen.
Dieses Unnennbare nennen wir dennoch, wir nennen es Gott.
Die einzige Eigenschaft dieses unbekanten, unnennbaren, un-
begreiflichen Gottes, die wir wissenschaftlich kennen, ist, daß er
ein verehrungswürdiger, anbetungswürdiger Gott ist.
Der Glaube an Gott wird übrigens unterstützt durch den Glauben
an die Unsterblichkeit, für welchen viele Thatsachen sprechen.
Wenn dieselben auch noch nicht von der Wissenschaft gesichtet und
abgeklärt sind (f. Phrenologische Bilder S. 614 ff.), so genügen sie
doch in ihrem sicheren Kern dem unbefangenen Forscher, um ihn den
der Unsterblichkeit widersprechenden Materialismus als einen Irrthum erkennen zu lassen. — Ein Mißverständniß ist noch dieses.
Ich spreche einerseits gegen Strenggläubigkeit und religiöse Ab-
schließung, andrerseits, in Bezug auf einen christlichen Bund,
für die unberührte Bewahrung jeder Glaubensansicht. Darin,
meinte man, liege ein Widerspruch. Nichts weniger! Denn
gerade die geforderte religiöse Freiheit und Duldsamkeit fordert
auch, daß es dem Menschen freistehe, sich einer religiösen Autorität,
wenn er sie für wahr hält, zu unterwerfen. Alles Wünschens-
werthe und Erreichbare ist daher erreicht, wenn jeder Mensch,
weil er die Verschiedenheit der menschlichen Charaktere, —
welche von der Phrenologie wissenschaftlich und in ihren Einzeln-
heiten nachgewiesen ist, — wohl erkennt, die religiöse Ueberzeugung
jedes andern Menschen ehrt. Christus kannte diese Charakter-
verschiedenheit der Menschen, und die daraus entspringende Neigung zur Unduldsamkeit. Er wußte daher wohl, was er that,
als er an die Spitze seiner Lehre das Gebot der Liebe stellte.
Dieses höchste Gebot der christlichen Lehre hat bisher einer Form,
eines Symbols entbehrt. Ein christlicher Bund würde nichts anderes als dieses Symbol seyn.